冨島佑允
Yusuke Tomishima

奥 真也
Shinya Oku

坂本綾子
Ayako Sakamoto

岡 信太郎
Shintaro Oka

太田垣章子
Ayako Ohtagaki

霜田里絵
Satoe Shimoda

中村明澄
Asumi Nakamura

大津秀一
Shuichi Ohtsu

死に方のダンドリ

将来、すんなり逝くための8つの準備

ポプラ新書
255

はじめに

本書を、書店で手にとっていただき、ありがとうございます。

私の名前は鬼塚忠。作家のエージェント会社、アップルシード・エージェンシーの代表です。

ちょっと聞きなれない名前の会社だ、と思われたでしょうか。簡単に言うと、契約した作家の著作を出版社に売りこみ、出版まで見届ける仕事です。芸能界の芸能プロダクションのような仕事をしている会社といってもいいでしょう。

最近、弊社でマネジメントする医療系やお金系の作家の方々と話をしたり、出版前の原稿を読んだりして強く感じるのは、このままいくと私たち日本人は、簡単に死ねなくなるだろうということです。私自身が50代後半になっているので、自分ごととして考えるとなおさら、見過ごすことができません。

2020年出版の、奥真也著『未来の医療年表』（講談社現代新書）は、世の病気の大半の原因は解明され、治療法も確立され、寿命も延びていくという、まさに明るい未来を感じさせる書籍でした。実際にその書籍の予想通り、アルツハイマー病の治療薬「レカネマブ」が日本で承認され、すでに販売されています。これを読んで、医学の発展に深く感謝した高齢者も多いと思います。

しかし、そのような嬉しい話も、逆の視線から見てみると、全く逆の様相を呈します。医学の発展を享受できるお金を払えないという不安です。

また、長く生きても、住む家がない、などの問題が生じてきます。

第4章を書いた司法書士の太田垣章子さんは、著書やご自身のSNSで老人が賃貸住宅を借りられない問題を発信しています。大きな社会問題になりそうですが、そのほかの問題に隠れ、いまだに騒がれてはいません。かといって、持ち家なら安心かというとそうでもありません。

２０１９年、「老後２０００万円問題」が話題になりました。あくまでもこの話は、その時代での話で、寿命が延びることやインフレが加速することを考えれば、そんな小さな数字ですまないことは明らかです。

このような状況を鑑みると、人間にとって最も不幸なことが頭の中をよぎります。そのシナリオはこうです。

今まで、ほぼ１００％、健康の終わりが寿命の終わりでした。ある意味、それしか選択肢がなかったので、そういうものだというあきらめがありました。それが、持ち金が底をついた時に寿命の終わりとなる時代が来そうです。医学が発展しても、かつて不治の病とされてきたものが治せるのはごく一部の富裕層で、大半はそういった人たちを横目に、お金が尽きて死んでいくのです。あまりにも惨めな最期です。

そうした最期が来るのを、私たちはなすすべもなく待つだけでいいのか。そうした危機感が、この書籍をプロデュースするきっかけになりました。早めに世間に、来るべき「お金が尽きて人間は死ぬ時代が来る」という警鐘を鳴らし、一人でも多くの人に対応策をとってほしいという思いです。

本書には8人の弊社と仕事をしている作家が登場します。今まで、私が書籍や記事を読んだり、著者と直接話したりして選んだ方々です。それぞれの専門分野と最新のデータを駆使して「お金が尽きて死ぬ時代」をどう生き抜き、どのようなダンドリをして死を迎えるべきかを教えてくれます。

序章で、データを元に「日本はお金が尽きて死ぬ時代に突入する」と警鐘を鳴らすのはデータサイエンティストの冨島佑允さん。

第1章では、医療未来学者の奥真也さんが「病気で死なない時代」に私たちはどんな最期を迎えるべきか、示唆に富む話をしてくださっています。

第2章に登場するのは、ファイナンシャルプランナーの坂本綾子さん。人生100年時代のお金の貯め方を指南してくださいます。

第3章で「任意後見」や「家族信託」で財産を守る方法を伝授してくださる

のは、司法書士の岡信太郎さんです。

第4章では司法書士の太田垣章子さんが、高齢者が賃貸住宅を借りられない現状とともに、60代までに終の棲家を見つけることの大切さをお話しくださっています。

第5章では、脳神経内科医の霜田里絵さんが年齢を重ねても若々しい脳を保つための秘訣を紹介されています。

第6章では、在宅医の中村明澄さんが自分らしく生き抜くために大切な、最期を迎える場所の考え方を教えてくださいます。

そして、「人間は、後悔なしに生きることはできない」と言う緩和ケア医の大津秀一さんが、終章で後悔をなるべく減らす生き方を説いてくださいました。

一つの局面から見ると、不治の病とされた病気が治る、寿命が延びる、日本をダメにしたデフレから脱却し、インフレが始まる、といういいことが、全体を客観的かつ俯瞰的に見ると、私たちを不幸のどん底に落とすようなことになりかねないのです。

本書によって、皆様の老後の心配が少しでも解消できれば嬉しいです。

鬼塚　忠

はじめに　2

序　章　日本は「お金が尽きて死ぬ時代」に突入する　冨島佑允　17

第1章　「病気で死なない時代」の死に方のダンドリ　奥 真也　33
「病気で死ぬ時代」から「老いの果てに死ぬ時代」へ　36
がんが克服される日はあなたが思うより意外と近い　40
神経難病が克服されるのも夢物語ではない　42
体力向上や救急医療、喫煙率低下も病気を減らす　44
予防医学やＡＩも死なない時代を後押しする　48
老いをカバーするのにどこまでお金を出せるか　54
超長寿時代を生きるため「マイＱＯＬ」を知る　59

資産の有無が長生きの質を左右する時代に　64
「生きてるだけ難民」より「計画的老い」を　67

第2章　100歳まで生活できるお金を貯めるダンドリ　坂本綾子　73

「老後2000万円問題」とは結局何だったのか　77
50歳以降のマネープランを考えよう　81
①自分の今の状態を知る
②50歳以降のライフデザインを描く
③マネープランを立ててみる
時間を味方につけてお金を増やそう　92
①投資の土台づくりをする
②口座と金融商品を決める
③投資を始める
年代別資産形成のコツを知ろう　102

40代の資産形成のコツ
50代の資産形成のコツ
60代の資産形成のコツ

第3章　認知症になる前に財産を信託するダンドリ　岡 信太郎　109

認知症で自分の財産を動かせなくなる!?　112
押さえておきたい「成年後見制度」のポイント　115
財産を宙に浮かせないための10の対策　124
①資産管理は健康な体あってこそ。健康寿命を延ばそう
②5年後「自分はどうなっていたいか」から逆算しよう
③自分の財産と推定相続人を正確に把握しておこう
④成年後見制度の成功事例を知ろう
⑤子どもに頼れるか夫婦で話し合っておこう
⑥「任意後見」で、自分で後見人を指定しておこう

⑦「地域包括支援センター」を活用しよう
⑧「ケアマネ」との連携で相談体制を充実させよう
⑨元気なうちに「遺言」を作成しておこう
⑩「民事信託（家族信託）」の利用を検討しよう
認知症になる前に！　今すぐするべき財産の手続き　144

第4章　老後に住める家を見つけるダンドリ　太田垣章子　151

「高齢者」というだけで賃貸住宅を借りられない!?　154
孤独死によって「事故物件化」する賃貸が続出　160
孤独死以外にもある高齢者の賃貸トラブル　163
人生はまだまだ続く。住むべきは賃貸か、持ち家か　180
60代のうちに「終の棲家」のめどをつけよう　185

第5章　100歳までボケない「不老脳」をつくるダンドリ　霜田里絵　189
「脳」も「体形」もあきらめたら終わり　192
脳は何歳からでも若返ることができる　195
脳の不調を訴える中高年が増えている⁉　204
一生ボケない！　脳を若返らせる5つの生活習慣　205
①バランスのよい食事をよく噛んで食べよう
②1日8000歩のウォーキングをしよう
③夜の睡眠時間を最低6時間以上とろう
④小さな楽しみをたくさん持とう
⑤回想時間で脳の疲労を回復させよう
今日からすぐできる！　不老脳をつくるトレーニング　215
●「太もも上げ」運動で大きい筋肉を鍛えよう
●背筋を伸ばしてナルシスト的に鏡を見よう
●1日に赤ワインをグラス1、2杯飲もう

●左右の手を使って細かい作業をしよう
●インプット・アウトプットを心がけよう

第6章 最期を過ごす場所を決めるダンドリ 中村明澄 227

最期を過ごす場所は自分で決めていい 230
最期に過ごす場所の最適解は人によって違う 239
●「自宅」のメリットは、自由に過ごせること
●「病院」のメリットは、何といっても安心感
●「施設」のメリットは、同世代との新たな交流
●実際、患者はどこで最期を迎えているのか
●納得のいく最期は患者だけでなく、家族も癒す
在宅でも病院と同じケアが受けられる 252
●意外と知られていない在宅医療の真実
●がんの終末期には早めに在宅医療を始めよう

穏やかな最期を迎える「幸せ感じ力」のススメ 260

終章 死ぬときに後悔しないためのダンドリ 大津秀一 265

終末期の患者さんに訪れるのは身体的苦痛だけではない 268
私が遭遇した、終末期の患者さんが後悔する22のこと 270
1 やりたいことをやらなかったこと
2 ふるさとに帰らなかったこと
3 好きなものを食べておかなかったこと
4 趣味に時間を割かなかったこと
5 夢を実現できなかったこと
6 死後について考えておかなかったこと
7 罪を犯してしまったこと
8 喜怒哀楽に振り回されすぎたこと
9 他人に冷たくしてしまったこと

10　自分が正しいと疑わなかったこと
11　会いたい人に会っておかなかったこと
12　よい恋愛をしなかったこと
13　結婚をしなかったこと
14　子どもを育てなかったこと
15　子どもが結婚していないこと
16　生きた証を残さなかったこと
17　生と死の意味を見つけられなかったこと
18　宗教を信じてこなかったこと
19　健康維持を怠ったこと
20　自身の意思を伝えなかったこと
21　治療の意味を見失ったこと
22　「ありがとう」を伝えられなかったこと
緩和ケア医から幸せに死ぬためのアドバイス　301

序章　日本は「お金が尽きて死ぬ時代」に突入する

冨島佑允

「20万時間」――。

これは、あなたが定年退職してから過ごすことになる、老後の人生の長さです。

この永遠のようにも思える時間を、多くの日本人はお金の不安を抱きながら生きていくことになりそうだ、と聞いたら、あなたは驚くでしょうか。

厚生労働省が公表した第23回生命表（2020年版）によると、65歳時点の平均余命（平均してその後何年生きられるか）は、男性は約20年、女性は約25年です。

仮に、あなたが65歳で退職して25年生きるとしましょう。25年間は時間に換算すると21万9000時間です。つまり、およそ20万時間があなたの〝老後〟ということになります。

この膨大な時間を、お金の心配なく楽しく暮らせれば万事OK、何の問題もないでしょう。しかし、現実は少し違うようです。

総務省の家計調査報告書を過去10年にわたって追っていくと、高齢世帯の赤字額の平均値は、夫婦世帯で月5万円、単身世帯で月3・5万円です（実収入から支出を引いた不足分の2010～2019年における平均値。2020年以降はコロナの影響により支出が急速に落ち込んだため、平均値の計算からは除外）。

つまり、夫婦世帯なら5万円×12カ月で年間60万円、単身世帯なら3・5万円×12カ月で年間42万円ものお金が不足することになります。

老後生活を仮に25年間とすると、年金をもらっていても夫婦で1500万円（60万円×25年）、単身でも1050万円（42万円×25年）が不足することになります。

この数字が何を意味するか、もうおわかりでしょう。

退職した時点でこれだけのお金がなければ、寿命が尽きる前に生活資金のほうが底をついてしまうのです。

これは、現在の高齢世帯の赤字額から推計した数字です。そのため、将来の高齢世帯はもっと苦しくなる可能性が高いと思われます。なぜなら、私たちが将来もらえる年金は今より少ない可能性が極めて高いからです。

厚労省の「2019（令和元）年財政検証結果レポート」によると、現役時代の所得の何割を年金でカバーできるかを表した年金の所得代替率は、2019年時点では61・7％でした。2052年（令和34年）には、それが36（現状の61・7％の6割弱）～52％（同8割程度）まで減少すると推定されています。

つまり、将来の年金は、今の高齢者が受け取っている水準の6～8割に減ってしまうということです。

しかも、日本人の寿命は今もなお延び続けています。内閣府によると、

1950年の日本人女性の平均寿命は62歳、男性は58歳でした。1990年には82歳、76歳になり、2021年には88歳、82歳になりました。内閣府の予測では、2040年には90歳、84歳になります（図1）。

この30年間で日本人の平均寿命は6年も延び、65歳を迎えた女性の2人に1人、男性の場合は4人に1人が90歳まで生きることが予想されています。

実際のところ、高齢世帯は少ない収入でやりくりしている人が過半を占めています。内閣府の「令和5年版高齢社会白書」によると、高齢者世帯の平均所得金額は332・9万円で、高齢者世帯と母子世帯を除いたその他の世帯（689・5万円）の約半分です。

内閣府の「2019年度 全国家計構造調査」によれば、65歳以上の単身者の3割は貧困状態にあります。つまり、一人暮らしの高齢者が3人集まると、そのうち1人は貧困に苦しんでいるという状況になります。

図 1　平均寿命の延び

（出典）内閣府（2023）「令和５年版高齢社会白書」平均寿命の推移と将来推計

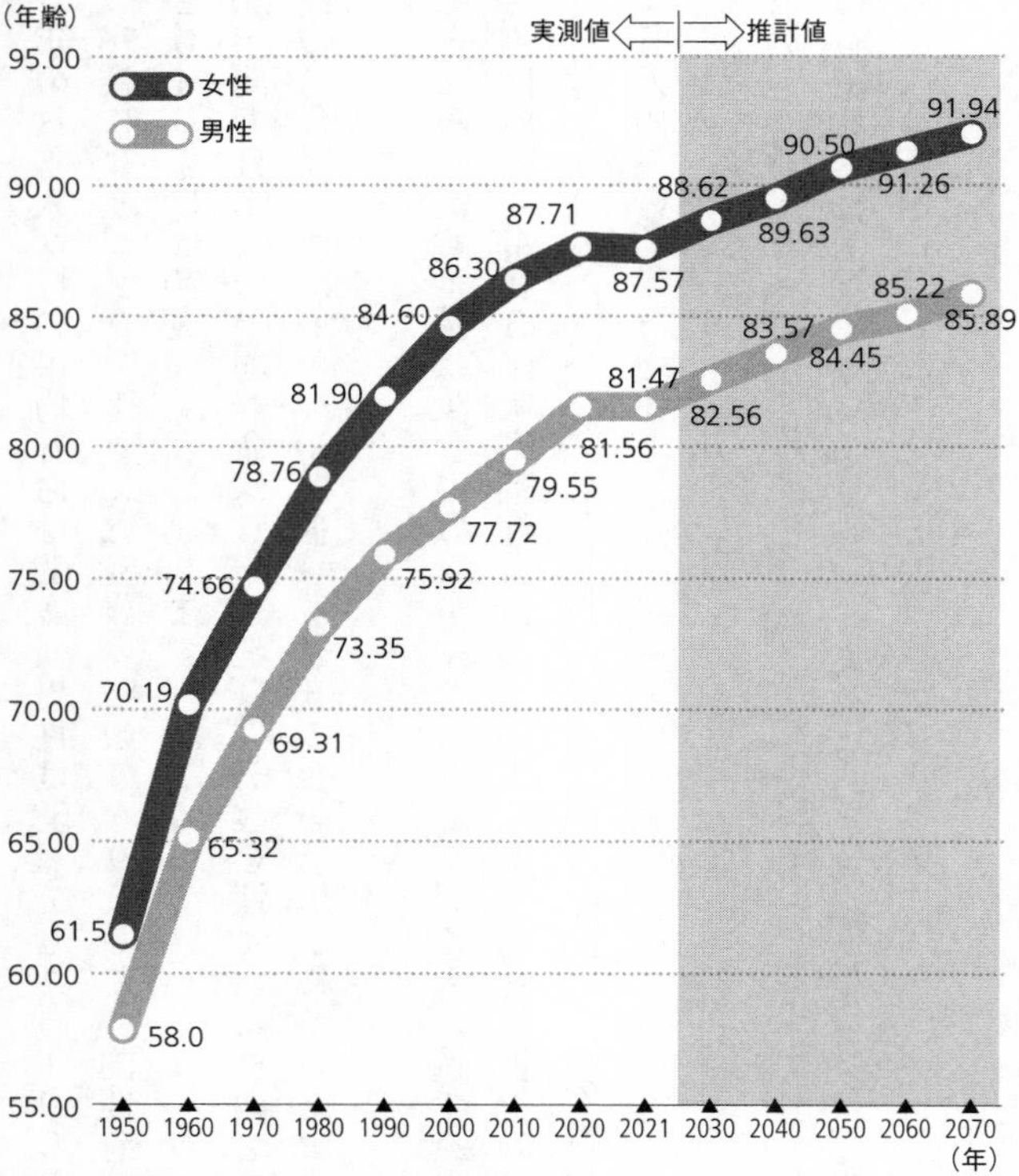

資料：1950年、2021年は厚生労働省「簡易生命表」、1960年から2020年までは厚生労働省「完全生命表」、2030年以降は、国立社会保障・人口問題研究所「日本の将来推計人口（令和５年推計）」の死亡中位仮定による推計結果
（注）1970年以前は沖縄県を除く値である。0歳の平均余命が「平均寿命」である。

「こんなに苦しいんだから、国がなんとかしてくれるに違いない！」と思うかもしれません。

けれども、国はすでに高齢者を支え切れなくなっています。

令和5年版高齢社会白書によると、現在の65歳以上の人口は3624万人で、日本における総人口の29％を占めています。実に、3人に1人が高齢者という状況です。

高齢者が今後も加速度的に増えていく中で、状況はますます苦しくなっていきます。内閣府の調査（図2）によると、1950年時点では高齢者1人を12・1人の働き手（15～64歳）で支える状況だったのが、2015年には、高齢者1人を労働者2・3人で支える状況になっています。さらに2045年には、高齢者1人を労働者1・5人で支えなければならなくなると予想されています。

こういった状況の中で、昔のように長生きを素直に喜べない！　という状況が現実のものとなりつつあります。こうした新たな人生のリスク、すなわち、長生きしすぎて生活資金が底をついてしまうリスクのことを「長生きリスク」と呼びます（英語ではlongevity risk）。長生きリスクという言葉は、日本だけでなく、先進国にとって最大の懸念事項になっています。

図2を見てください。２０３０年頃から日本の総人口は1億2千万人の大台を割って急速に減少していき、高齢者の割合は現状の3割から4割に向かって急増していくことになります。バブル崩壊後の１９９０年代後半から現在に至るまでの期間は〝失われた30年〟と言われていますが、これからは〝縮んでいく30年〟の始まりです。今後の日本を襲う怒濤の高齢化と人口減少から目を背けることなく、真剣に考えるタイミングが来ています。

……と、ここまでは、主に「お金」の話ばかりしてきました。しかし、高齢

図２　高齢化の推移と将来推計

（出典）内閣府（2023）「令和5年版高齢社会白書」

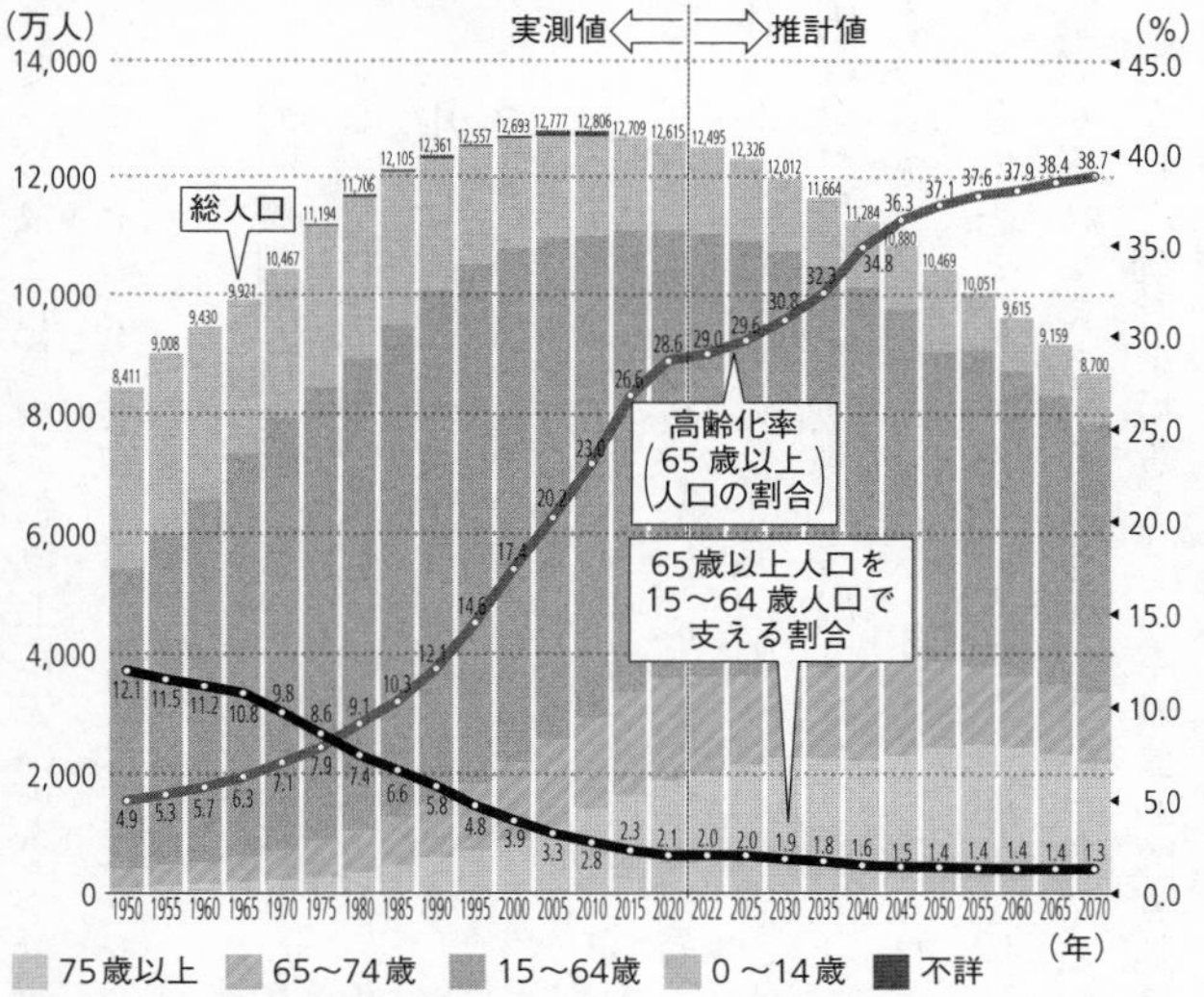

資料：棒グラフと実線の高齢化率については、2020年までは総務省「国勢調査」（2015年及び2020年は不詳補完値による）、2022年は総務省「人口推計」（令和4年10月1日現在（確定値））、2025年以降は国立社会保障・人口問題研究所「日本の将来推計人口（令和5年推計）」の出生中位・死亡中位仮定による推計結果

（注１）2015年及び2020年の年齢階級別人口は不詳補完値によるため、年齢不詳は存在しない。2022年の年齢階級別人口は、総務省統計局「令和２年国勢調査」（不詳補完値）の人口に基づいて算出されていることから、年齢不詳は存在しない。2025年以降の年齢階級別人口は、総務省統計局「令和２年国勢調査　参考表：不詳補完結果」による年齢不詳をあん分した人口に基づいて算出されていることから、年齢不詳は存在しない。なお、1950～2010年の高齢化率の算出には分母から年齢不詳を除いている。ただし、1950年及び1955年において割合を算出する際には、（注２）における沖縄県の一部の人口を不詳には含めないものとする。

（注２）沖縄県の昭和25年70歳以上の外国人136人（男55人、女81人）及び昭和30年70歳以上23,328人（男8,090人、女15,238人）は65～74歳、75歳以上の人口から除き、不詳に含めている。

（注３）将来人口推計とは、基準時点までに得られた人口学的データに基づき、それまでの傾向、趨勢を将来に向けて投影するものである。基準時点以降の構造的な変化等により、推計以降に得られる実績や新たな将来推計との間には乖離が生じうるものであり、将来推計人口はこのような実績等を踏まえて定期的に見直すこととしている。

（注４）四捨五入の関係で、足し合わせても100.0％にならない場合がある。

者にとって、お金と同じかそれ以上に失いやすく重要な「健康」も、実は脅かされています。その点を考慮すると、実はもっとお金が必要になります。

日本の公的医療制度は素晴らしく、医療費のかなりの部分をまかなってくれます。しかし、それは、現役世代の労働者が支払う保険料と税金で運営されています。利用者に比べて現役世代が減っていくと、当然ながら規模や質の維持が難しくなってくるでしょう。

2021年度「国民医療費の概況」(厚生労働省)を見ると、2021年度に国全体でかかった医療費約45兆円のうち、患者負担は約5兆円にすぎず、残り40兆円は全て税金と保険料から出されています。また、厚生労働省「介護給付費等実態統計」によると、2022年の介護保険給付総額は約11兆1912億円となっており、過去20年間で2倍強に増加しています。これは、高齢者が増えたことで介護年金の支給件数や支給額が増えたことを示しています。こうした統計を見ると、日本の公的医療制度がいかに金食い虫かがわかるでしょう。

「自分は重い病気になんてならないから関係ない！」と思われるかもしれません。しかし、年を重ねてくると、足腰が悪くなったり病気を繰り返したりなど、命に別状はないけれども継続的な通院が必要になる場合もあります。若いころとちがって、生きているだけで医療費がかかるようになってくる場合が多いのです。

2021年度「国民医療費の概況」によれば、一人当たりの平均医療費は現役世代は年間20万円前後ですが、65歳を超えると75万円、75歳を超えると92万円まで上がります。夫婦だと、この2倍かかります。現在はこの大部分が保険料と税金でカバーされるわけですが、公的医療制度が弱体化して、自分がほぼ全部の負担を被ることになると、果たして耐えられるでしょうか。

そのときに、生活の質（Quality of Life）をあきらめて何十年も我慢しつづけるのか、それとも医療の力を借りて少しでも快適に日々を過ごすのかという選択を迫られることになるでしょう。いずれにせよ医療費の問題は、年を重ねるにつれて切実になっていきます。

国民皆保険制度が存在しないアメリカでは、虫歯の治療をしたり、救急車を1回呼んだりしただけで、数百万円を請求されることもあります。医療にはお金がかかるというのが世界の常識です。

日本がそうなっていないのは、現役世代がまだたくさんいて、高齢者を支えているからです。その砂上の楼閣のような仕組みが、今にも崩れ去りそうになっているのです。

さきほど、老後の生活をしていくためには1500万円ほどの貯金は少なくとも必要だ、という試算についてお話ししました。ただ、あの数字は、日本の公的医療制度が今後もずっと今の品質とコストのまま存続する前提で算出されています。

公的医療制度が縮小、またはほぼ廃止に追い込まれたときには、医療は米国並みの「ぜいたく品」となり、生きていくためのコストは跳ね上がるでしょう。このリスクは、今の日本における「老後」の議論からは見逃されてしまっています。

私のここまでの話を聞いて、この困難な時代を生きていけるのか、自分が年老いたころに日本はどうなっているのか、と不安になった人もいるかもしれません。

ただ、時代が今後どうなっていくかの予測さえできれば、それに向けた方策を考えて備えることができます。長すぎる老後を生き抜くことは不可能ではないのです。

本書では私以外にも、医療、お金、住まい、相続など、さまざまなジャンルの専門家たちが専門知識と最新データをもとにアドバイスをしてくれることになっています。前から順に読み進めていってもいいですし、自分が今、一番気になっているテーマから読んでもいいでしょう。

このお金のない時代を生き抜き納得のいく最期を迎えるためには、死ぬにもさまざまな面からダンドリをしておくことが必要となります。

寿命が長いということは、裏を返せば、その時間でいろいろな対策が打てるということでもあります。この本で自分に必要なダンドリを知って、さっそく準備に取りかかりましょう。

―著者プロフィール―

とみしま・ゆうすけ／クオンツ、データサイエンティスト、多摩大学大学院客員教授（専攻：ファイナンス＆ガバナンス）。1982年福岡県生まれ。京都大学理学部卒業、東京大学大学院理学系研究科修了（素粒子物理学専攻）。修士（理学）、MBA in Finance（一橋大学大学院）、CFA協会認定証券アナリスト。大学院在籍時は欧州原子核研究機構（CERN）で研究員として世界最大の素粒子実験プロジェクトに従事。修了後はメガバンクでクオンツ（金融に関する数理分析の専門職）として信用デリバティブや日本国債・日本株の運用を担当、ニューヨークのヘッジファンドを経て、2016年より保険会社の運用部門に勤務。2023年より多摩大学大学院客員教授。著書に『見るだけでわかる微分・積分』（PHP新書）、『数学独習法』（講談社現代新書）、『日常にひそむ うつくしい数学』（朝日新聞出版）、『投資と金融がわかりたい人のためのファイナンス理論入門』（CCCメディアハウス）などがある。

第1章

「病気で死なない時代」の死に方のダンドリ

奥真也

人間は今、かつて手も足も出なかった感染症を抑え込むことに成功し、
がんや神経難病の画期的な治療法を次々と開発しています。

私たちは、病気で簡単に死なない時代を生きているのです。

しかし、人間は必ず老いていきます。その老いと向き合いながら、残り数十年を過ごしていかねばなりません。

特段やりたいこともなく、ただただ、命だけが長引いている。

そんな「生きてるだけ難民」にならないようにするためのダンドリをお伝えします。

―著者プロフィール―

おく・しんや/1962年大阪府生まれ。医療未来学者。医師、医学博士。大阪府立北野高校を経て、東京大学医学部医学科卒。英レスター大学経営大学院卒。専門は医療未来学、放射線医学、核医学、医療情報学。東京大学医学部附属病院22世紀医療センター准教授、会津大学教授を経てビジネスの世界へ。著書に『Die革命――医療完成時代の生き方』(大和書房)、『未来の医療年表――10年後の病気と健康のこと』(講談社現代新書)、『未来の医療で働くあなたへ』(河出書房新社)、『人は死ねない――超長寿時代に向けた20の視点』(晶文社)がある。

「病気で死ぬ時代」から「老いの果てに死ぬ時代」へ

「人は病気では死ななくなった」と聞いたら、あなたは驚くでしょうか。

地球上に人類が誕生して以来、その歴史は病気との闘いの歴史でもありました。人間は長い間、有効な治療法や薬を持たず、病気にかかってもほとんど何もできませんでした。

長寿をまっとうして老衰で亡くなる人は、ほんの一握り。多くの人は急な病気によってある日突然生きることを中断され、この世からの退場を余儀なくされました。いつ襲ってくるかわからない病気と死に怯えながら生きる。そんな時代が長く続いてきたのです。

ところが、この予測不可能な生と死のあり方は21世紀に入って一変します。病気では簡単に死ななくなりました。多くの人が80年、90年、100年と「老いの果てに死ぬ」ことが珍しくない、超長寿時代へと突入したのです。

何歳ぐらいでどんな病気にかかりやすくなるかがわかっていますから、適切な生活習慣を実践していれば、病気はかなりの程度予防することができます。仮に病気にかかったとしても病状に合わせたさまざまな治療法や薬が開発されており、そう簡単に死に至ることはありません。病気があっても、進学、就職、結婚、出産、子育てなどをあきらめる必要はなくなりました。病気と共存しながらライフイベントを経験できるようになったのです。

かつての「病気で死ぬ時代」から「老いの果てに死ぬ時代」へ――。現代の生と死は「予測不可能」ではなく、「予測可能」なものになりつつあります。

なぜ、人は病気で死ななくなったのでしょうか。理由はいくつかありますが、最大の理由は、何といっても医学の進歩です。

20世紀まで、人を死に至らしめる病気の代表格は「感染症」でした。感染症は有史以前からありましたが、人口が少なく人口密度がそれほど高くない時代にはさほど問題になりませんでした。ポリオ、天然痘、ペスト、スペインかぜ、結核など、人類の長い歴史の中で感染症は猛威を振るうことを繰り返してきました。

人間が大規模な集団で定住し、家畜を飼い始めて動物との距離が近くなると人獣共通感染症が流行し始めます。大航海時代になると人間が広範囲を移動して交流することが増え、感染症が世界規模に広がっていきました。医学が発達していなかったため、手洗いや消毒、隔離などの感染症対策は体系化されておらず、徹底もできていなかったため、人間は流行が自然に落ち着くのを待つしかありませんでした。

20世紀に入ると感染症をある程度のところで抑え込めることが増えてきました。ペニシリンなどの抗生物質が普及したおかげです。一時期は「不治の病」と言われたエイズにも有望な予防薬が開発され、適切な治療を受けさえすれば患者さんは病気と共存しながら、病気の前とほぼ同じ生活を送れるようになっています。

21世紀に入ってからも重症急性呼吸器症候群（SARS）、中東呼吸器症候群（MERS）、そして新型コロナウイルス感染症（COVID-19）とさまざまな感染症が登場しましたが、そのどれについても、私たちは抑え込みに成功しています。

では、人間は感染症以外の病気とどのように向き合ってきたのでしょうか。

有史以来、人間の命を奪うのは感染症だけではありませんでした。心疾患が原因で死ぬ人、突然死する人の数はかなり多かったのではないかと思います。

しかし、ヒポクラテスが医療の基盤を築いた紀元前420年ごろから20世紀半ばまでの医学では、心疾患だけでなく、その他のさまざまな病気にも対応できない時代が続きました。「安静にする」「水分をとる」「温かくする」を実践し、今の時代から考えると毒にも薬にもならないくらいの薬を服用しながら回復を待つのが関の山だったのです。

しかし、戦後になると医療技術は急速に進歩します。1980年代以降はピンポイントの医療から、科学的根拠に基づいた体系的な医療が行われるようになります。CT（コンピューター断層撮影）やMRI（磁気共鳴断層撮影法）による画像診断が登場して、X線写真に頼っていた時代より診断の精度も格段に向上しました。遺伝子解析の結果に基づいた新薬の開発が進み、治せる病気は増え続けています。

がんが克服される日はあなたが思うより意外と近い

現在、人間の闘う相手は「感染症」から「がん」「心疾患」「脳疾患」へと比重を移しつつあります。感染症の薬やワクチンをつくる技術や体制は進化し、コロナ禍を経てさらに大きく進化を遂げました。感染症で死ぬことが減ったために、これらの病気が新たに人間の命を奪う病気として注目されるようになっています。

とりわけ、がんについては気にしている人も多いでしょう。がんは年齢を重ねるほど発症率が上がる病気です。日本人の平均寿命は延びていく傾向にありますから、がんを発症する人が増えるのは必然といえます。国立がん研究センターがん対策研究所の推計では、一生涯のうちに何らかのがんになる割合は男性が49%、女性が37%となっています。日本人男性の2人に1人、日本人女性の3人に1人ががんになるといわれています。

ただ、1990年代半ばになると、手術や放射線治療、抗がん剤などの組み合わせによって治るがんが増えてきました。2000年代になるとヒトゲノムの解読が完了し、遺伝子解析技術が格段に進歩して、基本的に遺伝子疾患であるがんを効果的に治療できるような画期的な薬や治療法も登場しました。がん細胞だけを狙い撃ちする分子標的薬、免疫細胞を覚醒させてがん細胞を再度攻撃できるようにする免疫チェックポイント阻害剤が開発され、治せるがんが増えていったのです。この他にも、腫瘍溶解性ウイルスを使用した治療薬、光免疫療法など、新しい薬や治療法が続々と出ています。

胃がん、直腸がん、大腸がん、乳がんは早期発見や早期治療さえできれば、克服できる可能性のある病気となりつつあります。血液のがんである白血病も、治療法や薬が進化しています。例外はありますが、がんの発症から亡くなるまでに多くの場合は数年、長い場合では10年以上の余命があります。がんを切り取ったり、コントロールに成功したりした結果、長生きする人が増えています。がんを予防することはできませんが、仮にかかっても死ににくくなっているのです。過去のがん治療薬の増え方、薬の開発状況を見ると、2035年にはほとんどのがんは治癒可能になるのではないかと思います。

もちろん、治癒のめどが立っていないがんもまだあります。たとえば、膵臓がんや胆管がんです。膵臓も胆管も、CT検査や超音波検査では見えにくい位置にあり、がんの発見が難しいという性質があります。痛みや機能障害のような自覚症状が現れにくく目立たないこともあって、気づいたときには手遅れになるほど病状が進んでいることの多いがんです。

膵臓がんや胆管がんは手術の難易度が高いことでも知られています。膵臓や胆管の周辺には重要な臓器が密集しているため、浸潤（がん細胞が周囲の組織にしみ込むように広がること）や播種（がん細胞の遠隔転移のパターン）を生じやすく、手術で正常な部分と病気の部分の分離が難しいのです。

それでもがん全体を俯瞰して見れば、現在は20世紀後半と比べて克服が進んでいることは疑いようがありません。

神経難病が克服されるのも夢物語ではない

克服に向かっている病気はがん以外にもあります。筋萎縮性側索硬化症（ALS）や脊髄性筋萎縮症（SMA）といった「神経難病」と総称される病気も治せる可能性が出てきているのです。

ALSは、筋肉を動かす神経細胞に異常が発生して、脳からの指示が筋肉に伝わらなくなる病気です。病状が進行すると手足だけでなく、呼吸に必要な筋肉も動かなくなり、最終的には死に至ります。ＳＭＡは脊髄の神経細胞の障害によって手足の筋力低下や筋萎縮が進む病気です。筋ジストロフィー症やパーキンソン病のように、神経細胞が変化して起きる遺伝性の希少疾患です。

ＡＬＳについては、ＡＬＳ患者さんの細胞からｉＰＳ細胞をつくって病気を再現し、変形した神経細胞からＡＬＳの原因遺伝子を特定することに成功しています。これにより、原因遺伝子を標的とした分子標的治療の完成が期待されています。

研究開発に乗り出したベンチャーの試みがうまくいかなかった例も出ており、その方法論の確立にはまだ少し時間がかかりそうです。

他方、神経細胞がどのようなときにストレスを受けて細胞死に向かうかの究明は着実に進んでいます。米アミリックス社はそれを利用し、ミトコンドリアなどを通じた細胞死を邪魔する２つの技術を組み合わせた薬剤を開発し、２０２２年に米当局の承認を受け、２０２３年には満を持して日本法人を設立しています。

このように、ＡＬＳという長く目標になっていた難病についても、創薬アプローチ全体が病気の克服に向けた成功のコースに入っていると考えることができます。

ＳＭＡは２０２０年、スイスの製薬大手、ノバルティスが開発した治療薬、ゾルゲンスマが厚生労働省に承認され、２歳未満の乳幼児に対して保険で治療できるようになりました。それまでＳＭＡを根本的に治療する術はなく、対症療法で治療するしかありませんでした。筋肉への障害が起きる満２歳までのあいだに神経細胞の異常を補正することができれば、発病を抑えることができます。

このように神経難病においても目覚ましい研究成果が発表され、薬の開発につながっています。神経難病によって死ぬことも少なくなっていくと予想できるのです。

体力向上や救急医療、喫煙率低下も病気を減らす

現代人の基礎体力向上や、救急医療体制の充実も、病気で人が死なない時代

に貢献しています。

日本では戦後50年のあいだに栄養状態が大幅に改善しました。高度経済成長による所得向上、公衆衛生関連の政策、学校給食の普及も手伝って、日本人の体力は向上し、体格が大きくなっていきました。

その代わり、加齢によって引き起こされると考えられていた糖尿病や脂質異常症、高血圧、高尿酸血症といった生活習慣病が若者にも見られるようになり、国が対策に乗り出します。国民に向けて生活習慣病の予防を広く訴えかけるようになり、いわゆる「メタボ健診」と呼ばれる特定健康診査・特定保健指導制度も始まりました。降圧剤、血液中のコレステロール値を下げる薬など、生活習慣病のための薬も登場して広く使われるようになりました。

喫煙率の低下も、現代人の基礎体力向上を後押ししました。たばこの煙の中には発がん性物質が約70種類含まれていることがわかっています。喫煙は、これらの有害物質を肺の奥まで入れる行為ですから、健康にとって大きなリスクであることはいうまでもありません。喫煙は人間の遺伝子に影響を与えるため、がんの原因にもなります。国立がん研究センターによれば、がんで亡くなった男性の30％、女性の５％が、喫煙が原因と考えられています。

喫煙の影響は、がんだけにとどまりません。狭心症や心筋梗塞といった虚血性心疾患、脳卒中に代表される脳血管障害、慢性閉塞性肺疾患（ＣＯＰＤ）などの呼吸器の病気を引き起こす恐れもあります。

喫煙は、たばこを吸わない人にも健康被害を与える危険性があります。受動喫煙と病気の因果関係もさまざまな研究で明らかになっており、受動喫煙による死亡者数は年間約１万５０００人にのぼります。

そのため、ご親切にも、国はたばこの税額を上げて、喫煙をやめる人を増やそうとしています。受動喫煙対策の法整備が進み、１９９０年代に入ると公共の場で喫煙が制限されるようにもなりました。飛行機では１９９９年に喫煙が全面禁止となり、新幹線は２０２４年春から一部に残っていた喫煙ルームがなくなり、喫煙が全面禁止となる見込みです。２００２年に東京都千代田区が路上喫煙禁止条例を制定したのを契機に、全国の自治体でも路上喫煙の制限や禁止のための条例が次々と制定されました。たばこを吸える場所が設置されていた病院も、いまや完全禁煙になっています。

こうした社会的施策によって、2018年の日本人の喫煙率は男性が27・8％、女性8・7％まで低下しました。社会全体の喫煙制限は、日本人の基礎体力向上を大きく後押ししています。

このように現代人の体力は向上し、健康にもなりました。それでも、ある日突然具合が悪くなることがないわけではありません。朝は元気だった人が夜には帰らぬ人となってしまう。この「突然死」の原因の6割以上は心筋梗塞、心筋症、弁膜症、心不全などの心疾患、その次に多いのが脳梗塞、脳出血といった脳血管疾患です。これらの病気は日々節制していても防ぐのは限界があります。しかし現代では助かるケースが増えているのも事実です。

その理由は救急医療体制の充実です。日本では患者さんの搬送、救急車内での応急処置、搬送先での治療体制に至るまで救急医療システムが確立しており、迅速に適切な治療を開始できるようになっています。しかも、日本では救急車の利用は今はまだ無料です。いざとなったら119番に電話すればいいのです。患者さんの受け皿となる救急指定病院は地域ごとの分布の差はあるものの、全国各地に存在しています。急病になっても死なずにすむのです。

予防医学やAIも死なない時代を後押しする

これからは、致死的な病気を治すだけでなく、病気の原因そのものを断って病気にかからなくする「予防医学」が発達していきます。その分野で大きな役割を果たすのが「遺伝子解析技術」です。遺伝子解析技術と個々の病気の知見を組み合わせて遺伝子の異常を調べ、早期に特定の病気を察知し、予防につなげることがすでにできるようになっています。

アメリカ人俳優のアンジェリーナ・ジョリーさんは乳がんと卵巣がんの発生率が高くなるとされる遺伝性乳がん卵巣がん症候群の原因遺伝子であり、かつ、がん抑制遺伝子でもあるＢＲＣＡ１に変異が見つかり、今後乳がんになる確率が87％と診断されました。母親が56歳の若さで卵巣がんによって亡くなっていることもあり、ジョリーさんはまだがんになっていない両側の乳房切除を決断し、実際に手術を受けています。患者さんの遺伝子を解析することで、将来がんを発症する人にはどんな遺伝的な特徴があり、実際に発症した場合はどんな大きさでどのくらいのスピードで病気が進行するかまでわかるようになっているのです。

「エピゲノム」の研究も、病気の予防に大きく貢献すると考えられています。エピゲノムは食事、運動、生活リズムなどによって遺伝子（ゲノム）の働き方をコントロールする仕組みです。現在、世界中でエピゲノム研究が進んでいますから、２０３０年ごろにはオーダーメイドの病気の予防が可能になると考えられます。つまり「あなたはこういう病気になりやすいので、こういう食事をしたほうがいい」といったことが個人単位でわかるようになり、それを病気の予防や健康維持に生かせるようになります。

「センシング」の進化も予防医学の普及を後押ししていきます。センシングとはセンサーを使ってさまざまな生体情報を24時間３６５日計測し、数値にして可視化する技術のことです。身近なところではアップルのスマートウォッチがその代表格です。いまや、iPhone 本体もセンシング装置を兼ねつつあります。

センシングの研究がさらに進めば、思いもよらない生体情報が健康維持や病気の早期発見の指標として使われる可能性があります。自宅や職場にもセンサーが付けられ、食事、入浴、仕事など日常生活のさまざまな場面から得られたデータを分析して健康維持のアドバイスをしてくれるのがあたりまえの風景になるかもしれません。

未来の診察室は、センシング専用の部屋となる可能性もあります。そこに「人間医師」はいません。

患者さんが入室したと同時にセンサーが体温や顔色などを測定して、患者さんの状態を自動で把握できるようになります。採血はまだ看護師さんがしてくれていますが、数十年後には診察室に入るだけで、わざわざ血を採らなくても血液の状態がわかり、異常を検知できるようになるでしょう。すでに血糖値を継続して自動的に測るセンシングデバイスは実用化されていますから、不可能なことではありません。

センシング専用の診察室では、人間医師に代わって「ＡＩ医師」が診断をしてくれます。「ＡＩ診断」の進歩も致死的な病気を減らし、私たちの健康寿命を延ばすことに寄与するでしょう。

現在は人間の医師が患者さんを診察して病状の把握や治療方針の決定を行う診断のプロセスを担っています。ただし、人間は誰でも間違いを起こす可能性があります。医師もそうです。診断を間違ってしまったら、どんな薬や治療も無意味になってしまいます。

ＡＩ診断なら、ありとあらゆる病気の情報を網羅したデータベースを患者さんの基本情報や病状、検査データと照合して、誤診を最小限にすることができます。勘違いや思い込み、肉体的疲労、精神的疲労もないため、人間より安定した正確な診断ができます。診断のスピードも人間はＡＩにかないません。ＡＩは過去の症例や論文といった膨大なデータを短時間で学ぶことができますし、情報の抽出や照会も瞬時にできます。

ＡＩによる診断は、２０２３年の論文に記載されている乳がんの診断の正確さの比較でも人間医師と同等の正確さを示しており、実力的には「追いつき」「追い越す」状況が見て取れます。

皮膚科医とＡＩを比較した２０２３年の総説論文によると、読影の正確さのスコアは同程度でも、人とＡＩでは得意分野が異なることが確認されています。ここしばらくは、両者の「協力」「いいとこ取り」が続きます。

それでも、扱いやすい領域から始まって、高度な業務でも医師業務がどんどんとＡＩに置き換わる日は着実に近づいています。

ＡＩはインターネットとの相性がよいため、インターネットを活用した遠隔診断や自動診断の実現と普及にも大きく貢献するでしょう。

私が今、注目している医療系スタートアップにUbie（ユビー）という会社があり、従来、紙に患者さんが手書きしていた問診をＡＩの力を借りてスマートフォンやタブレットから入力できる自動問診サービスの提供を始めています。これは、医師が慢性的に不足しているイギリスで保健省（ＮＨＳ）が、その解決のために「Babylon」という自動問診・診断システムを導入した流れを汲む、と言えるものですが、来院前に外出の準備をしながら簡単に入力できるため、診察をスムーズにしてくれますし、遠隔で医師が行う診断や自動診断もスムーズになります。ＡＩや自動問診は近い将来、全国に普及するでしょう。たとえば、コンビニで無人レジを使うのがあたりまえの風景になったように、医療シーンにも、これまでの病院の風景をがらりと変えるようなイノベーションが続々と登場してきます。あれほど対面が必須と思われていた商談や会議にもあっという間にオンラインが普及して、ビジネスシーンは激変しました。しかし、今やそれがあたりまえで、皆、それを当然のように受け入れています。

センシングとＡＩ診断によって、診察室からは人間医師の姿が消え、誤診は限りなくゼロに近づいていきます。一部の手技や手術を除けば、人間医師でなければできない業務は激減するため、病院に必ずしも行く必要はなくなっていきます。そもそも病院は、病気にかかった人が大勢集まっている場所です。わざわざ行くことによって病気をもらう可能性がありますから、病院に行かなくて済むのなら、行かないほうがいいのです。センシングとＡＩ診断でより正確な診断が行われるようになり、病院に行かなくて済むから病気をもらってくることもなくなる。私たちはますます病気では死ななくなっていくのです。

老いをカバーするのにどこまでお金を出せるか

とはいえ、老いがなくなったわけではありません。人間のほとんどの臓器の耐用年数は50年ぐらいと思っていいと私は考えています。日本人女性の平均閉経年齢が約50歳というデータは、人間の生殖能力が50歳前後を境に急速に減退することを意味しています。ロコモティブ・シンドローム（運動器障害のために移動機能が低下した状態）のリスクも、50代から大きくなります。

しかし、現代は致死的な病気でも治せるものが増え、日本人の体力も向上しました。医療技術の進化はとどまるところを知らず、そのスピードは加速しています。そのため、臓器の耐用年数を超えて、多くの人が80歳、90歳、１００歳と長生きするようになりました。

今以上に健康維持のための理想的な環境が整えば、今はまだ簡単ではないですが、１２０歳を迎えられる人は増える可能性があります。

ただし、人間はいつか必ず死にます。人生の終わりの瞬間に向かって身体が老化していくのは不可避です。現代は病気でなかなか死なない時代ではありますが、不老時代になったわけではありません。

2020年に「老化は治療できる病である」とするハーバード大学医学大学院教授のデビッド・A・シンクレア博士の著書『LIFE SPAN 老いなき世界』(東洋経済新報社)が刊行され、話題となりました。このように老化を病気とみなして治療しようとする研究も進んでいます。

ただ、そのような研究の結果として老化を治療する薬ができたとしても、非常に薬価は高額で、健康保険では当然カバーできず自費診療となります。その恩恵にあずかれるのは、ごく一部の富裕層だけです。

そして、ここからが肝心なのですが、仮にその老化の治療薬で寿命が数十年延びたとしても、いつかは死が訪れるのです。また、延びた分の数十年の間にまったく身体の不調がないことは考えにくく、そのときは病院や普通の薬に頼ることになるでしょう。寿命が延びたら延びた分だけ、生涯に使う医療費は増えるのです。

ここで、あなたに質問です。お金の問題は別として、考えてみてください。

「80歳まで生きるか、高価な老化の治療薬を飲んで120歳まで生きるか。あなたはどちらを選びますか?」

「永らえることができるのなら喜んで薬を飲む。120歳まで生きたい」という人。お金の問題がなくても「80歳と120歳だったら大して変わりはないから老化の治療薬は飲まない」という人。「長生きすれば老化の治療薬以外にもお金はかかるし、見守る家族の負担も大きいので、そこまでして長生きしたくない」という人もいるかもしれません。

いずれにせよ、高価な老化の治療薬を手に入れられる人はほんの一握りです。ほとんどの人はこれまで通りの薬を朝晩飲み、ある程度の健康維持をしながら老いと付き合っていく、というところに落ち着くのではないかと思われます。

80歳であれ120歳であれ、ここまで長生きすれば、致死的な病気はなくとも小さな不調や病気に見舞われる回数は増えていきます。残念ながら「無病息災」とはいきません。

これからは、ストレスにならない程度の摂生をしつつ、長い人生の中でやってくる不調や病気をやり過ごす「多病息災」、これこそが自然な姿といえます。

私たちの生きる時代は、長生きがほぼ不可避といっていい時代に突入しています。それならば、自分で口から食事ができて、ストレスはなるべく少なく、健康であることを目指す必要があります。つまり、老いてもQuality of Life（QOL＝その人がこれでいいと思えるような生活の質）は下がらない生活です。長生きするからにはなるべく楽しく、自分らしく生きたいと思うのは誰にとっても当然の願いでしょう。

老いは止められませんし、身体の健康を完璧に保つのは難しいことですが、今は医療もテクノロジーも発達しています。老いによって昔のようにはできなくなったことを補ってくれるさまざまな選択肢が存在していますし、その選択肢はこれからますます増えるはずです。これらをうまく利用すれば、長生きを楽しめる心境になるでしょう。

ただし、そのためにはお金が欠かせません。妥協のない選択をしたければ、自分の懐からお金を出す必要があるからです。妥協のない選択とは、高額医療かもしれませんし、生活を豊かにする最先端のテクノロジーやデバイスかもしれません。

すでに「人間拡張」の技術を使って、外で働くことを実現できている事例もあります。人間拡張とは、テクノロジーによって人間の能力を身体、知覚、認知、存在の4方向に拡張していこうとする概念で、関連する技術として仮想現実（Virtual Reality＝VR）や拡張現実（Augmented Reality＝AR）などがあります。2021年、筋萎縮性側索硬化症（ALS）などで外出や移動が難しい人たちがロボットをアバター（分身）として使うことで、実際のカフェで従業員として働くことが実現しました。

臓器を機械の部品のように交換できる「人工臓器」の実現も遠い未来の話ではないかもしれません。現在、すでに人工水晶体（眼内レンズ）、心臓の人工弁、皮膚シートや心筋シートといった人工臓器が実現しています。今後は腎臓、肝臓、血管など難易度の高い臓器に研究の重点がシフトしていくでしょう。人工臓器の技術が完成すれば、傷んだ臓器をそっくり取り替えて、自分のしたいことをして最後まで生きることができる未来がやってくると思われます。

超長寿時代を生きるため「マイQOL」を知る

このように、近い将来実現するかもしれない高額医療や最先端テクノロジーをどこまで自分の健康やQOL維持のツールに含めるか。私たちはそれを吟味し、それに合わせてお金を準備することが必要になります。

お金を準備するためには「いくら貯めるか」の目安があったほうがいいでしょう。それを知るために、まずは自分にとって大切なQOL、「マイQOL」が何なのかを把握することをおすすめします。

QOLを大きく左右する要素は人によってさまざまですが、私は医師の立場から「目」「耳」「歯」「膝と腰」に着目しています。年齢を重ねても、この4つの機能をできるだけ維持することがQOLを下げない生き方につながると考えているからです。

お金のことは気にせず、自分の納得のいく選択肢を選べるならそれに越したことはありません。しかし、多くの人は健康維持のために使えるお金には限りがあります。そのとき、人生において自分の譲れないものは何か、逆に譲れないものを実現するために何ならあきらめていいと思えるのかを知っていなければ、何にどれくらいお金をかけていいかがわかりません。自分の優先順位を知って、その順番にお金を使えるようになりましょう。

優先順位を把握するための「『マイＱＯＬ』を評価するワークシート」を用意しました。死ぬまで大事にしたい順にＡ～Ｄを１～４位と順位づけしてみましょう。

考える上で注意していただきたいのが、「健康な状態で一番失いたくない機能」と「健康が損なわれても最期まで一番残したい機能」とは違うかもしれない、ということです。

たとえば、健康なときは読書や音楽鑑賞、映画鑑賞、旅行をあきらめたくないと考えていても、病気のときには自分で食べられるのが一番と考えるかもしれません。あるいは、健康なときもそうでないときも大事にしたい機能は変わらない、という人もいるかもしれません。「健康でないときに最期まで残したい機能」についても考えて、ワークシートに書き込んでみましょう。

これで自分が人生において何を大事にしたいか、何をあきらめてもいいと

図　「マイQOL」を評価するワークシート

A

紙の書籍、電子書籍、ネット記事を読める視力を維持したい

目

B

映画やテレビの音声、音楽を自分の耳で聴き、楽しみたい

耳

C

おいしいものを、自分の歯で食べたい

歯

D

杖や人の支えなしに、自分の足で移動したい

膝・腰

あなたにとって大事なものの優先順位を考えてみよう

1

2

3

4

健康な状態で一番失いたくない機能

健康が損なわれても最期まで一番残したい機能

思っているかがわかります。優先順位が低い機能については、お金をかけなくても機能を維持していけるように日々メンテナンスに努めなければ、という意識が芽生えるでしょう。ぜひ時間をつくってワークに取り組んでみていただければと思います。

「マイＱＯＬ」の優先順位を把握できたでしょうか。

次は、それぞれの機能を維持するために、お金がどれだけ必要かを考えてみましょう。

たとえば、「できるだけ視力を維持して本が読めることが一番大事。他の機能はあきらめて構わない」という人は、「視力矯正手術」にお金をかけることを考えるかもしれません。

自分の歯がダメになるのは我慢がならないけれども、すでに歯磨きを怠ってきて、将来は入れ歯になる可能性が極めて高いとします。「けれども入れ歯は嫌だ」と考えるなら、次なる選択肢は「インプラント」です。インプラントにいくらかかるのかをかかりつけの歯科医に相談するか、インターネット検索をするかして、世間の相場を調べてみましょう。

「音楽を長く楽しみたいから、聴こえを維持するのが最優先」と考える人は、爆音が鳴っているところに長時間いないようにする、大音量でイヤホンを使わないというような生活習慣を維持しながら、いつか高音質の補聴器を使うことを考えてお金を準備しておいたほうがいいでしょう。

「できるだけ長く自分の足で歩けることが最優先事項」という人は、年をとって膝の痛みで歩くのが難しくなってきたら再生医療を受けるという手があります。自身の細胞を増やして膝に注射することで歩けるようになる場合もあるのです。脊柱管狭窄症による腰痛に悩む人は、外科手術なしで安全に痛みを解消できる腰椎カテーテル治療を選択することもできます。

このように、自分が選択したい高額医療なり最先端デバイスなりを調べて、お金がどれだけ必要かの目安を知ったうえで準備を始めてください。

ちなみに私は、「いざ」というときのために一定額をすぐに引き出せる預金として準備しており、家族にもその情報を伝えてあります。「いざ」の内容によって、その金額で十分足りることもあれば、全然足りないこともあるでしょう。

それでも、ある金額で線引きをして、「何か問題が起こったらこの範囲でQOLを下げない生活ができるようにしよう」と考えておくと、少しだけ気持ちが楽になるような気がします。

優先順位は決まったけれども、健康維持にそれほどお金を使えない人は、優先順位の高い順に日常生活でどのようなケアができるかを考えましょう。何といっても、今の時代に生きる人は長生きをするのは避けられないのです。目、耳、歯、膝と腰についてはできるだけ長くその機能を維持するほうがQOLは圧倒的に高くなります。

資産の有無が長生きの質を左右する時代に

「嫌なことを言わないでほしい」と思われるかもしれませんが、これからは経済力が長生きの質を決める可能性もあることを知っておいたほうがいいでしょう。

ここまでお伝えしてきたとおり、現代は医療技術が発達して、病気になったときの治療の選択肢が昭和の時代と比べて格段に増えました。日本は国民皆保険制度があるおかげで、国民全員が安い医療費で高度な医療を受けられるようになっています。患者さん自身が国内にある医療機関の中から自由に選んで受診できるフリーアクセスの制度もあります。

しかし、これらの制度がいつまで続くかはわかりません。今のように誰もが自由に病院にかかり、治療を選べる状態は長く続かないかもしれないと私は考えています。なぜなら、国の医療費は年々増加しているからです。

新型コロナの感染拡大に伴う受診控えがあり、2020年は対前年比で1兆円超の減少となりましたが、長期的視点で見れば増加傾向にあります。2022年の医療費は46兆円となり、過去最高を更新しています。医療の進歩によって新薬や新しい医療機器、医療技術が登場して診療報酬も増額されています。団塊の世代が全員75歳以上となる2025年以降は、少子高齢化による人手不足と相まってますます医療費が膨らむでしょう。高額医療製品は増え、それを使う人が増えているのですから、医療費は増える一方になります。現在の公的医療制度を維持し続けることがかなり難しくなっているのは疑いようがありません。

そうなると、次に起こるのが個人の医療費負担の増額です。保険適用される病気も少しずつ限定されていくかもしれません。治療しなければ患者さんが死に至る確率が極めて高い「致死的な病気」については国が面倒を見るが、そうでない病気については国は面倒を見ないという傾向が強まっていくのではないかと思われます。「致死的な病気」として想定されるのは、たとえば心筋梗塞、脳梗塞、脳出血、がん、結核などです。逆に「非致死的な病気」として考えられるのは花粉症、皮膚炎、虫歯、骨折、軽度の心不全や狭心症などです。保険適用から外される未来もないわけではありません。

国は保険適用される病気が減らないよう努力を続けてはいますが、いつかは減らさなければ国家財政が立ち行かなくなるのではと思います。そのとき、非致死的な病気を治療するのは自己負担になります。

非致死的な病気の治療が自己負担になった未来では、致死的な病気の治療は侵襲性（身体に傷害を与える可能性）や予後（病気の経過についての医学的な見通し、あるいは余命）のよしあしによってランク付けされるでしょう。ランクの高いほうから「特上」「並」と2種類あった場合、お金のある人は「特上」

を選べますが、そうでない人は「並」にせざるをえません。

「特上」の人は身体的負担の軽い最新の手術を受けることができて、入院日数は少なく、退院後の回復も早く、いち早く日常生活に戻れます。一方、「並」の人は従来と同じで、退院までにある程度の時間を要する開腹手術になります。身体的負担が大きいためリハビリもしなければならず、退院後の回復にも「特上」より時間がかかります。

「特上」の人も「並」の人も、手術は受けて永らえることに変わりはありません。しかし、その後の生活の質に差が出てしまいます。このように、個人の資産の有無が長生きの質を左右する未来がやってきてしまうかもしれません。

「生きてるだけ難民」より「計画的老い」を

先に人間拡張の技術を使って外出が困難な人たちがカフェで働いている事例を紹介しました。人間拡張技術があれば、身体能力が落ちてもスポーツをしたり、海外旅行に行ったり、健康だったときに食べていたステーキを味わったりできるかもしれません。

実際、コロナ禍で修学旅行に行けなかった高校生が旅行代理店のＶＲサービスを使って旅行をした事例があります。３Ｄプリンターで本物の肉に近い食感を出せる技術を用いて、歯が悪くなったり嚥下に問題があったりする高齢者にリアルな食事をしてもらう事業を展開している企業もあります。

人間拡張技術がさらに進化すれば、人間拡張専用のデバイスが登場して、現在のスマートフォンのように私たちの日常に欠かせないものになるかもしれません。

テクノロジーが老いによってできなくなったことをカバーすれば、もう老化はハンディではありません。現在、「障害」と呼ばれている状態が、障害とはいえなくなる未来が来ます。若さを失い、健康を失ったとしても幸せを感じられるのなら、身体の健康が人生の重要事項とみなされなくなるでしょう。

とはいえ、この話を自分に当てはめてみると、また違った風景が見えてくるのではないか、と私は考えています。

テクノロジーが進化してＶＲの質やサービスが今以上に素晴らしいものに

なったとしても、100歳の自分がそれを使って旅行したいと思うかどうかは別、ということです。

あなたはどうでしょうか。高齢になって若いころのようにリアルで海外旅行に行くことが難しくなったとき、最新テクノロジーを使って海外旅行の体験をしたいですか？

「できるのならぜひ体験してみたい」という人もいれば、「人が使うのは一向に構わないけれども、自分が使うのは嫌」という人もいると思います。前者の場合は長生きして人生100年になっても、お金がある限り楽しめるでしょう。では、後者の場合は何に楽しみを見出して生きていったらいいのでしょうか。

長生きはできたけれども、延びた老後の期間を使って特段やりたいことがない。やりたいことがあっても、それを実現する健康もないし、お金もない。命だけが長引いている。せっかく長生きができるのですから、そんな「生きてるだけ難民」のような状況は避けたいものです。何より、あなた自身が生きていておもしろくないはずです。

ではどうすればいいか。私が提案したいのは、「計画的老い」です。

100歳まで生きることを前提として受け入れ、計画的に老いていくことを目指す生き方です。10年単位の終活を自分でデザインして、滞りなく実行に移していく。そこに喜びや楽しみを見出すのです。

「計画的老い」では、自分の健康状態や持病を踏まえて、今後どんなふうに老いていくかをイメージします。「マイQOL」の優先順位を把握して、どの時点で何をしたほうがいいか、そのためにはいくら必要かを考えて周到に準備を進めます。生きているうちにしたいこと、達成したいこと、行ってみたい場所があれば、それを実現するためのダンドリについても考えます。

すべての希望をかなえることはできないでしょうから、優先順位が高いものを実現するために、低い順位のものをある程度我慢することは必要になります。しかし、考えたことを全然できなかったと最期に嘆くよりも、優先順位が上のものだけでも実現できたなら死ぬときの後悔は少ないはずです。自分自身で最期の瞬間に至るまでのルートを考え、現実との折り合いをつけながら一歩一歩、歩いていく。そこに喜びと楽しみを見出しましょう。

仕事や勉強を通してみなさんもおわかりかと思いますが、自分で決めた計画をきっちりこなすことができたときの1日の終わりのすがすがしさは格別です。それと同じ境地に至ることを目指して、「計画的に老いていく」のです。

ただ命だけ長くなった「生きてるだけ難民」より、「計画的老い」を目指しましょう。それが人生100年時代の後悔しない死に方ではないかと私は考えています。

第2章

100歳まで生活できるお金を貯めるダンドリ

坂本綾子

「お金が尽きて死ぬ時代」がやってくるとしても、私たちにはできることがあります。それは、お金が尽きてしまわないように今からできるだけ貯めておくこと。

そのためにはまず、貯める金額の目安を知ることが肝心です。

どんなふうに生きたいかのライフデザインを考え、それに合うマネープランを作成して、無理のない範囲で貯めていきましょう。

初心者と相性がいい貯め方についてもお伝えします。

―著者プロフィール―

さかもと・あやこ／ファイナンシャルプランナー。１９８８年よりマネー誌、女性誌にて家計管理や資産運用の取材記事を執筆。１０００人以上に取材。99年ファイナンシャルプランナー資格取得。２０１０年ファイナンシャルプランナー坂本綾子事務所設立。20年を超える取材記者としての経験を生かして、生活者向けの金融・経済記事の執筆、家計相談、セミナー講師を行っている。著書に『まだ間に合う！　50歳からのお金の基本』（エムディエヌコーポレーション）、『年収２００万円の私でも心おだやかに毎日暮らせる　お金の貯め方を教えてください！』（ＳＢクリエイティブ）、『絶対に損をしない　お金の増やし方』（ＣＣＣメディアハウス）、発行部数60万部のベストセラーの改訂新版『節約・貯蓄・投資の前に今さら聞けない　お金の超基本』（朝日新聞出版）などがある。

序章「日本は『お金が尽きて死ぬ時代』に突入する」を読んで、自分の先行きが不安になった方がいるかもしれません。リタイアして時間ができたらあれもしたい、これもしたいと考えていたのにお金が尽きて死ぬなんて、あまりにも悲しいと言わざるをえません。

しかし、ものは考えようかもしれません。

お金が尽きて死ぬのが恐いのなら、貯めておけばいいのです。

お金が手元にあれば、どうしても必要なものやほしいものが出てきたり、緊急事態が起こったりしたときに迷いなく使うことができます。前向きかつ有意義にお金を使うことができれば、人生はより楽しくなっていきます。

とはいえ、特に贅沢をするわけでもなく毎日普通に生きているだけでも、お金はどんどん減っていくことをあなたも実感されているでしょう。物の値段は上がっていくのに、毎月の給料がそれに合わせて上がるわけでもありません。貯蓄をしようとしても、日々の生活費に回してしまってなかなか貯まらない……。そんな悩みを抱えている方も少なくないのではないでしょうか。

しかし、お金を貯めるのに遅すぎることはないのです。今日は、これからまだ何十年と続くであろうあなたの人生の中で「もっとも若い日」です。現代は「人生100年時代」。100歳まで生きることを考え、今日から少しずつお金を貯めるダンドリをつけていきましょう。

「老後2000万円問題」とは結局何だったのか

2019年、「老後2000万円問題」が話題になりました。65歳以降、30年間生きていくためには約2000万円のお金が必要と金融庁が発表したことに端を発し、さまざまな議論が湧き起こったのを覚えている方も多いと思います。

ニュース番組では連日のようにこの問題が取り上げられ、「毎日の生活で苦しいのに2000万円も貯めるなんて無理！」「今さらどうしろというのか？」と反発する街の人の声も紹介されていました。あなたもこのニュースを見て、不安を感じていたかもしれません。

老後資金2000万円が妥当なのかどうか。それを考えるにはそもそも、この2000万円という金額がどのようにして導き出されたものだったのかを知る必要があります。

２０００万円は、現在、年金生活を送っている高齢者が平均してどのくらい生活費が足りていないかをもとに算出した金額です。その根拠となったのは全国規模の家計調査です。

その調査によると、夫婦合計の公的年金では、毎月５万５０００円不足しているというデータがあります。毎月５万５０００円不足ということは年間で66万円の不足。それが65歳から95歳まで30年間続けば66万円×30年＝１９８０万円。つまり約２０００万円の不足というわけです。

この調査は毎年行われており、毎年不足額は変動します。不足額が変動すれば、30年間の老後の不足額も変わってきます。たとえば、不足額が毎月３万円なら年間36万円の不足で、30年間では１０８０万円の不足ということになります。

ただ、仮に貯蓄額が２０００万円に満たない場合、絶対に生活が苦しくなるというわけではありません。貯金を下ろして生活費に充てるのを選ぶ人もいれば、節約によって家計をやりくりする人もいるでしょう。「絶対に２０００万円なければいけない」わけではないのです。

そのため、老後にいくら貯めておけばいいかは人によって違います。老後どんなふうに生活したいのか、そのイメージと金額を具体的に考えて、自分にとって必要な金額を決めて貯金をすることが重要です。

貯金の額を決めるのなら、公的年金の金額についてもぜひ知っておいてください。

◆もらえる年金の額（2023年4月時点）

・国民年金保険の加入者だった人……加入期間に応じた金額。20歳から60歳までの全期間（480月）保険料を納めた場合は年間約79万5000円（1カ月あたり約6万6000円）

・厚生年金保険の加入者だった人……加入期間に応じた基礎年金（国民年金部分）と、加入期間と現役時代の給与やボーナス額に応じた厚生年金。たとえば、年収240万円で40年間厚生年金に加入した場合、合計で年間約132万1000円（1カ月あたり約11万円）

・転職などで国民年金保険加入期間と厚生年金保険加入期間の両方がある場合は、合計した加入期間の国民年金と、厚生年金保険加入期間の厚生年金を合わせてもらうことができる

このもらえる年金の額は毎年改定されます。物価の上下によって年金も上がったり下がったりすることがあるのです。ただし、物価と連動して年金の額が毎年必ず変わるわけではありません。そのため、今の時点で20年後、30年後の公的年金の金額を予想するのは難しいのですが、現在の年金額を目安に貯蓄額を目安として考えることはできると思います。

老後資金としていくら貯めるかを考えるときに覚えておいてほしいことがもう一つあります。それは、公的年金が今より「減る」可能性が高いということです。

日本の公的年金制度は「世代間仕送り方式」です。現役世代が払う保険料で、高齢者の年金を給付しています。そのため、子どもの数が減れば、のちに大人

になって保険料を払う現役世代の数も減ります。高齢者はどんどん増えていくのに、現役世代の数は減っていく。そうなると年金額が減るという困った状況が生まれることがほぼ確実となっています。

もちろん、国も保険料の一部を運用して年金の原資を増やすなど、いろいろな対策を打って年金額の減少に歯止めをかけようとしています。それでも対策が追いつかず、将来、年金はもらえるけれども年金制度を維持するために年金の水準が今の高齢者よりも下がる可能性があります。このことも頭に入れて、100歳まで生きるためのお金を貯めるにはどうすればいいかを考えていきましょう。

50歳以降のマネープランを考えよう

ここからは、人生100年時代の折り返し地点となる「50歳」を基準に、お金を貯めるための具体的なダンドリを紹介します。

①自分の今の状態を知る

まずは50歳以降のマネープランを考えます。そのためには自分の今の状態、そして何より、自分がやりたいことを確認しておくことが重要です。現時点での収入や資産の確認から始めていきましょう。以下のチェック項目を活用すると便利です。

自分の今の状態を知るためのチェックリスト

□毎月の収入と支出
□手取り年収と支出
□住宅は持ち家か賃貸か、持ち家なら住宅の評価額と住宅ローン残高
□借入金があるなら、残高、返済期間、金利
□車を持っているなら、税金を含めた維持費
□資産残高
□加入している保険の保障内容と保険料

・毎月の収入と支出

マネープランを考えるにあたっては、毎月のお金の流れ、つまり収入と支出がどうなっているのかを把握することから始まります。家計簿をつけていない人も安心してください。支払いの記録を利用すれば収入と支出を確認することができます。

通帳には給与をはじめとする収入、引き落とされるさまざまな支払いが記録されています。最近は通帳記帳をしない人が増えているようですが、通帳を眺めるだけで１カ月の手取り収入と支出がだいたい把握できるものです。通帳記帳をするか、インターネットバンキングの人はＷＥＢ通帳を確認してください。通帳とカード利用代金の明細などを見て、先月１カ月の収入と支出をざっくり計算することから始めてみましょう。

・手取り年収と支出

先月１カ月の収支を確認したら、同じようにそれ以外の月の収支も算出してみてください。それを合計すれば、過去１年間の収支が確認できるはずです。

少々面倒ではありますが、マネープランを立てるためには欠かせないプロセスです。ざっくりで構いませんので、年間いくら手取り収入があり、何にいくらぐらい使っているのか、その結果、いくら残っているのか＝いくら貯蓄できているのかを知っておきましょう。

集計作業をするのがどうしても億劫、という人は1年前の通帳の残高と現在の残高を見比べて、直近の1年でいくら貯められたかをおおまかに確認するだけでも大丈夫です。

今後減る支出、逆に増えそうな支出も予想して書き出してみてください。

どの世帯でも比率が高いのは交通費・通信費です。特に通信費はここ数年増加傾向です。年齢が上がるにつれて医療費の割合は高くなっていきます。また、一般的な傾向として、教育費は40〜50代をピークに子どもの自立に伴ってなくなります。あなたの家計はどう変化しそうでしょうか。ぜひ予測してみてください。

・住宅は持ち家か賃貸か

持ち家やアパートなどの不動産を持っている人は評価額を確認してください。不動産は時価より低めに見積もっておきましょう。思っていたような値段で売れないこともあるためです。見積もりは「固定資産税評価額」を目安にするといいでしょう。自治体から送付される固定資産税の課税明細書に明記されており、自治体によっては「価格」や「評価額」となっている場合もあります。土地と建物に分かれており、土地は時価の7割程度、建物は年数が古くなるほど安くなります。

住宅ローンが残っているなら、その残高も確認しておきます。

・資産残高

あなたは今、どれくらいの資産を持っていますか？　具体的に計算したことはあるでしょうか？　もし総額でどれくらいの資産を持っているか計算したことがなければ、以下の記載例を参考にして書き出してみてください。

資産を書き出すときのポイントは「金融資産」「不動産」に分けて書き出す

ことです。

金融資産のスペースには銀行預金のほか、貯蓄性のある保険の満期金や解約返戻金（保険証書や設計書に記載）、投資している人は株式や投資信託の元本と評価額、非課税口座ＮＩＳＡを使っている人は元本と評価額を書き込みます。

不動産のスペースには土地と建物の評価額を書き込みましょう。

プラスの資産だけでなく、住宅ローンのようなマイナスの資産も書き込みましょう。右の「負債」スペースです。

資産から負債を引けば、純資産（正味資産）が出ます。1年に1回は計算して表にしておけば、年ごとの資産の推移を確認するのに役立ちます。

②50歳以降のライフデザインを描く

あなたが50歳以降、人生でやりたいことは何ですか？　50代は仕事だけでなく、住宅ローンの返済や子どもの進学、結婚、親の介護のことを考える人も多く、やらねばならないことが山積している年代です。とはいえ、自分がこんな

図1　現状の資産の記入例

〇〇年〇月〇日

資産		負債	
金融資産			
定期預金	1,300万円		
投資信託 （NISA元本265万円）	295万円	住宅ローン	820万円
終身保険 （解約返戻金）	150万円		
金融資産合計	1,745万円		
不動産		負債合計	820万円
自宅の土地・建物	2,300万円		
		純資産 （資産－負債）	
資産合計	4,045万円		3,225万円

確定拠出年金がある人は、企業型も個人型も個人名義の金融資産として、資産に記載してもよい。ただし、受け取りは60歳以降のため、退職給付と考え、別扱いにしてもよい。重複しないようにどちらかで把握する。

ふうに暮らしたい、こういうことをやりたいという希望を考えておくことも必要です。年を取って時間ができてから考えようと思っていても、そのときには定期的な収入がなくなっており、自分のやりたいことに自由にお金を使える状態ではないかもしれません。今からやりたいことを考えて、そのためのお金を貯めておくことが重要です。

私の場合、遅く産んだ子どもを社会人に育て上げることを最優先事項と考えています。その一方で、スポーツや気の合う友人との食事やおしゃべり、国内旅行をしたいとも考えており、そのための費用はしっかりと用意しておくつもりです。

あらためて、あなたが50歳以降にやりたいことは何でしょうか。それを実現するための費用がだいたいどのくらいかかるかも考えてみてください。

③マネープランを立ててみる

50代からの各年代でやりたいことをざっくりでいいので記入してみましょう。合わせて、お金をどうやりくりするかも考えてみてください。

図２　50歳以降にやりたいことを書き出してみよう

・マネープラン作成のポイント

❶金額が不明なもの、不確定なことは「？」と記入しておいて大丈夫です。これから先の50年の大きな流れを考えてみましょう。

❷大切なのは「自分自身がどうありたいか」です。一家の生計を立てることを優先してきた人も、ここではいったん自分の欲求と向き合ってみてください。その後、必要な部分を家族とすり合わせましょう。

❸最初から完璧なマネープランを作れなくても大丈夫。大まかでいいのです。具体的な方法を考えたり、かかる費用の相場を調べたりしながら何度でも加筆・修正してください。

※費用の相場と安くする方法の例

「スポーツを始める」……スポーツクラブは施設によって月額数千円から数万円の開きがあります。自治体の施設やスポーツ教室ならリーズナブルな費用で始められます。

「自宅のリフォーム」……リフォームの内容によって数十万円から1000万円超と費用に幅があります。耐震補強のような住宅の性能を高める

図3　マネープランの記入例

年齢		50代	60代	70代	80代	90代
やりたいこと 予測されるイベント		・ランニングと筋トレ ・56歳時に末子が独立	・自宅リフォーム ・体力維持 ・国内旅行	・海外旅行 ・気の合う友達との時間を大事にする	・近場で国内旅行 ・身の回りの整理	・明るく過ごしたい
収入	定期的な収入	給与	給与、個人年金（60歳から）	公的年金、個人年金（75歳まで）	公的年金	公的年金
	不定期な収入		退職金			
	その他			76歳から金融資産の取り崩し	金融資産の取り崩し	金融資産の取り崩し
支出	日常生活費	子どもの教育費が終わったら、その分を自分の趣味の費用に	継続雇用の給与と個人年金でまかなう 住宅ローン完済（65歳）後は、余裕が生まれる	個人年金の受け取り終了後は、不足分を金融資産から取り崩す		
	特別費		自宅リフォーム	海外旅行	高齢者施設への入居を検討？	
目標		貯蓄取り崩しは極力、避けたい	70歳までは勤労収入を得る	金融資産を運用しながら生活費を切り詰める方法を考える	金融機関や金融商品の見直しと整理	

リフォームなら補助金や減税を受けられます。調べてみましょう。持ち家ならDIYで楽しみながら安くするという方法もあります。

「旅行」……行き先や旅行の内容によって数万円から数十万円と開きがあります。格安チケットなどをうまく使えば費用を安く抑えることができます。

「高齢者住宅や介護施設に入居」……賃貸形式から高額の入居一時金が必要なところまでさまざまあります。自分の状況と予算に合わせた選択をしましょう。

時間を味方につけてお金を増やそう

ここから紹介するのは、それほど投資についての知識がなくてもできるお金の増やし方です。今までと同じように仕事をして、家事や子育てをしながらできます。1日中パソコンに向かって株価を見たり、企業の資料を読み込んだりしなくても大丈夫です。15～20年のスパンで見れば、投資の専門家でない人でも利益を出せる相場は何度かめぐってくるでしょう。お金の増やし方の基本を押さえて投資を始めましょう。

①投資の土台づくりをする

投資を始めるためには準備が必要です。まずは投資を始める環境づくりとして、どの口座で、どんな金融商品を買うかを決めましょう。投資用口座を持っていない場合は口座をつくります。口座はつくったけれどもまだ金融商品を買っていない場合は、利用できる金融商品のラインナップを確認して、自分にはどれが合うかを検討します。

金融商品を取り扱っているのは銀行や証券会社です。口座の申込や金融商品の購入・売却はインターネットでもできます。近年はインターネット取引専用の口座や証券会社も増えてきました。

投資の機動性を高めるために、できるだけインターネットを活用しましょう。銀行・証券会社の店舗に行く必要はありません。ただし、セキュリティソフトの導入、OSやアプリの更新、画面ロック機能の設定をしてパソコンやスマートフォンのセキュリティ対策を万全にしておきましょう。

投資では情報収集が肝心です。新聞・テレビの経済情報、信頼できる知人や友人からの情報、インターネットなど、複数のルートで客観的な情報収集を心がけましょう。証券会社では、口座を持っている人にインターネット上の専用ページでマーケット情報を提供しているところもありますので、有効活用してください。

余裕資金の準備もしましょう。生活費の3カ月~3年分、あなたが50代を超えているなら1~3年分の貯金を持っておくことをおすすめします。生活費を切り詰めて投資をするのは本末転倒です。

まとまったお金を今からつくるのは大変という方も、毎月の収入から少額をこつこつ積み立てていくことはできます。無駄な支出がないかどうかを見直して、手取り収入の5~30%を貯金か投資に使えるようにしましょう。

ただ、いざというときにすぐ使えるお金が手元にあると安心です。投資を始めたばかりのタイミングでまとまったお金が必要となったがために、値下がりしているときに売らざるをえない、という事態は避けなければなりません。できれば、貯金から始めましょう。給与が振り込まれる口座の銀行で自動積立定期預金を申し込んでおけば、給与から積立分を引いた額で生活をやりくりできるようにもなります。

②口座と金融商品を決める

使う口座を決めましょう。預金や投資では、利息や利益によってお金が増えたら収入とみなされ、所得税と住民税がかかります。所得税は15%、住民税は5%。そこに2037年までは東日本大震災の復興特別所得税0・315%が上乗せされ、増えたお金から差し引かれます。お金が増えても約20%が引かれるのです。

この税金がかからない非課税口座がNISA口座です。NISA口座は2024年から投資できる総枠が1800万円と大きくなりました。ぜひ活用を。

また、老後資金を準備するための確定拠出年金も非課税です。まずは非課税口座から活用してください。余裕があるなら、NISA口座と確定拠出年金を併用するといいでしょう。

図４　口座の種類と投資の方法

優先順位	①				②
口座の種類	投資の非課税口座（２つの枠を併用可）		公的年金に準ずる制度、税金の優遇あり		証券会社の課税口座
	NISA				
	つみたて投資枠	成長投資枠	個人型確定拠出年金（通称iDeCo）	企業型確定拠出年金	
向いている人	初心者から上級者まで、年齢を問わず	中・上級者から、年齢を問わず	・初心者から上級者まで、50代半ばまでの人 ・会社員、公務員、個人事業主、主婦（夫）まで職業・立場を問わず ・企業型を使えない人、企業型と併用できる人	・初心者から上級者までの会社員 ・勤務先に制度があり、対象者なら加入している ・選択制の場合もぜひ加入を	・中・上級者から、年齢を問わず ・①の非課税枠を使い切った人 ・高額の退職金を受け取れる会社員
投資の方法	投資信託の積立	投資信託、株式など。積立、一括購入	投資信託の積立		投資信託、株式、債券など幅広い。積立、一括購入

図4中の「投資の方法」を見てください。「投資信託」が多いことに気づくと思います。お金を増やすためのポイントは、投資信託を理解することです。投資初心者の方は、まず非課税口座で投資信託を買うのをおすすめします。実際に買って持ってみるとわかることがたくさんあります。

初心者の方は、NISA口座を使って資産分散型の投資信託を買うといいでしょう。NISA口座は日本に住む成人なら誰でも利用できますし、日本と外国の株式や債券など複数の資産に投資ができます。

確定拠出年金は、年齢や立場によって利用できるかどうかが変わりますし、限度額が人によって異なります。運用したお金を引き出せるのは60歳以降です。よって非課税口座の優先順位が高いのはNISA口座といえます。

リスクとリターンについても知っておきましょう。リスクとリターンは表裏一体で、リスクが大きいとリターンも大きくなることが期待できます。反対に、リスクがそこそこだと、リターンもそこそこです。

リスクとリターンの程度がわかりやすいのが、先ほどお話しした資産分散型（バランス型）の投資信託です。複数の資産に投資をするのですが、株式の比率が多いほどリスクは高くなると覚えておきましょう。商品名に入っている30、50、70といった数字は株式の比率を表し、数字が小さいほどリスクは小さくなります。「安定型」と「成長型」では、「安定型」のほうがリスクは小さいです。

③投資を始める

初めて投資をする場合は、まずは非課税口座を使って始めましょうとお伝えしました。運用に使えるのは「ＮＩＳＡ」と「確定拠出年金」です。

２０２４年から改正されたＮＩＳＡは、投資可能期間が恒久化し、非課税期間が無期限になりました。投資できる金額は、１年間で１２０万円（つみたて投資枠）と２４０万円（成長投資枠）で併用すると３６０万円まで。購入した投資信託はいつ売却しても利益が非課税で、分配金も非課税で受け取れます。

ＮＩＳＡ口座の開設には、マイナンバーや本人確認書類が必要です。１人１口座と決められていますから、二重口座となっていないかの税務署の確認もあ

図5　NISA（2024年1月以降）の仕組み

併用可

	つみたて投資枠	成長投資枠
年間投資枠	120万円	240万円
非課税保有期間[注1]	無期限化	無期限化
非課税保有期間[注2] （総枠）	1,800万円 ※簿価残高方式で管理（枠の再利用が可能）	1,200万円 （内数）
口座開設期間	恒久化	恒久化
投資対象商品	長期の積立・分散投資に適した一定の投資信託 （現行のつみたてNISA対象商品と同様）	上場株式・投資信託等[注3] （①整理・監理銘柄 ②信託期間20年未満、毎月分配型の投資信託及びデリバティブ取引を用いた一定の投資信託等を除外）
対象年齢	18歳以上	18歳以上

〈注1〉非課税保有期間の無期限化に伴い、現行のつみたてNISAと同様、定期的に利用者の住所等を確認し、制度の適正な運用を担保

〈注2〉利用者それぞれの非課税保有限度額については、金融機関から一定のクラウドを利用して提供された情報を国税庁において管理

〈注3〉金融機関による「成長投資枠」を使った回転売買への勧誘行為に対し、金融庁が監督指針を改正し、法令に基づき監督及びモニタリングを実施

〈注4〉2023年末までにジュニアNISAにおいて投資した商品は、5年間の非課税期間が終了しても、所定の手続きを経ることで、18歳になるまでは非課税措置が受けられることとなっているが、今回、その手続きを省略することとし、利用者の利便性向上を手当て

出典：金融庁のウェブサイト

ります。

確定拠出年金は掛金を積み立てて運用し、60歳以降に受給できる年金で、企業型と個人型（iDeCo）があります。

あなたが会社員なら、勤務先の退職給付制度を確認してみてください。一時金（いわゆる退職金）と企業年金（退職後に年金のように何年間かかけて受け取る）の組み合わせが多く、企業年金として企業型を導入する会社が増えています。企業型は原則会社が掛金を出して（給与として受け取るか掛金にするかを選べる選択制の会社もある）、運用は従業員が行います。定期預金と投資信託が用意されていて、複数の組み合わせが可能です。途中で変更もできます。初心者ならリスク低めの投資信託を選んでみるといいかもしれません。

個人型（iDeCo）は、加入するかどうかは個人の選択になります。手続きも自分でしなければなりません。iDeCoを取り扱う金融機関はたくさんありますが、違いは投資信託のラインナップと手数料です。自分で金融機関を選び、自分で掛金を払います。運営管理の手数料は自己負担になりますが、掛金の全額を所得控除できるため、掛金を払っている間の所得税や住民税は安く

図6　企業型確定拠出年金の仕組み

利用できる人、利用できる期間	・導入している企業の従業員 ・選択制なら、選択した従業員 ・退職するまで（70歳未満）
掛金	・企業が出す（マッチング拠出ができる企業は、従業員の給与からも任意で上乗せできる） ・選択制は、従業員が給与か掛金かを選ぶ
投資できる限度額	・確定給付年金がない企業は、月額5万5,000円を上限に会社が決める ・確定給付年金がある企業は、月額2万7,500円を上限に会社が決める
利用できる金融商品	・定期預金、（積立保険）、投資信託
金融機関	・会社が提携する金融機関
受け取り	・定年退職時（企業により60歳など）以降75歳までの間に、自分で請求する。一時金受け取り、または年金受け取り。併用できる企業もある
メリット	・税金の優遇が受けられる ・運営管理の手数料は、通常会社が支払う
デメリット	・金融機関を自分で選べない ・60歳より前に引き出すことはできない

なります。節税により手数料分を補えるので、現役時代に老後資金を準備する手段としてぜひ検討してみてください。

年代別資産形成のコツを知ろう

最後に、年齢に合わせた資産形成のポイントを紹介します。お金を増やす際には運用に関する知識や経験に加えて、選択した運用方法が年齢に合っているかどうかも重要です。ここで挙げるのは一般的な例ですので、ご自身のケースを考えるときのヒントにするとよいでしょう。

・40代の資産形成のコツ

40代は働き盛りで、一般的に仕事の収入が増える年代といえます。ただし、子どものいる家庭では教育費などの支出も増えます。

共働きの場合は世帯収入が多く、忙しさも相まって、夫婦でお金の話をじっくりする機会は少ないかもしれません。しかし、40代に入ったら今後の家計運営について一度は話し合っておきましょう。働きに出ているのが1人だけなら、

図7　個人型確定拠出年金（iDeCo）の仕組み

利用できる人、利用できる期間	20歳以上60歳未満の公的年金加入者[注1]
掛金	自分で出す
投資できる限度額[注2]	毎月5,000円以上で、立場により以下の金額が上限 ・自営業者など（国民年金第1号被保険者）：月6万8,000円 ・会社員（国民年金第2号被保険者）：企業年金がないなら月2万3,000円、企業型確定拠出年金のみなら月2万円、確定給付企業年金があるなら月1万2,000円 ・公務員（国民年金第2号被保険者）：月1万2,000円 ・専業主婦（夫）（国民年金第3号被保険者）：月2万3,000円
利用できる金融商品	・定期預金、（積立保険）、投資信託
金融機関	・自分で選ぶ
受け取り	・60歳以降75歳までの間に自分で請求する。一時金受け取り、または年金受け取り。併用できる金融機関もある
メリット	・税金の優遇が受けられる
デメリット	・運営管理の手数料は、自分で支払う（加入時は一律約3,000円、毎月約200～600円、毎月の手数料は、金融機関により異なる） ・60歳より前に引き出すことはできない

〈注1〉2022年5月より、会社員（国民年金第2号被保険者）
　　およびの国民年金の任意加入者は、65歳まで加入できる
〈注2〉2022年10月より、企業型確定拠出年金加入者が併用する場合は、
　　合計額で上限が決まる

もう1人が再就職することで世帯収入を増やせます。

最近は40代で住宅購入や出産を考える方も増えてきました。その場合、30歳前後で第一子を授かる平均的なケースよりライフイベントが約10年後ろ倒しになると覚えておきましょう。夫婦の現実に合わせて、よりしっかりした資金計画を立ててください。

すでに自宅を購入済みならローン残高、返済が終わる年齢を確認しておきましょう。繰り上げ返済をするか否か、繰り上げ返済の資金をどう貯めるかについても検討することをおすすめします。これから住宅購入をする方は資金計画を立てましょう。賃貸や親と同居の方も、今後の住宅費について確認、検討してください。

子どものいる方は、子どもの進路を予想し、何年後にどれくらいの資金が必要になるかを確認しておくことも大事です。

転職や独立も資産形成に大きな影響を及ぼします。これからの転職や独立を考える方は、どれくらいの収入を確保できそうか試算してみましょう。

20代、30代のうちに積立預金や積立投資を始めた方は、40代にはある程度の残高になっているはずです。投資先の評価額が刻々と変化する様子を10年ほど見続けてきて、金融や経済の知識も増えたのではないでしょうか。今後の予定を見据えた上で、毎月の投資額の増加、資金配分の変更を考えましょう。

ただし、住宅ローンの繰り上げ返済を考えている、子どもの教育費の準備を控えている、転職の可能性があるという方は投資のリスクを低めにしておいたほうが無難です。

まだ投資を始めていない方は、今後どうするかを考えましょう。

【利用する金融商品】自動積立定期預金、インターネット定期、個人向け国債、財形貯蓄、ＮＩＳＡ、企業型確定拠出年金、ｉＤｅＣｏ、株式、ＥＴＦ、ロボアド

・50代の資産形成のコツ

50代になると、公的年金の見込額を確認できるようになります。見込額がわかると、漠然としていた老後が一気に現実味を伴ってくるでしょう。

毎年誕生月に届く「ねんきん定期便」は、50歳以上になると将来受け取る年

金見込額の記載があります。12で割ると1カ月あたりいくらもらえるかがだいたいわかりますから、ぜひ計算してみてください。同時に、定年後の生活や家計のやりくりの計画を立て始めましょう。

年金見込額は今と同じ条件で60歳まで働いた場合の金額ですから、実際に受け取る年金額は今後の働き方によって変わってきます。減る可能性もあれば、増やせる可能性もあるのです。70歳ぐらいまで働くことを考えているなら、10年以上の運用時間があるということです。NISAは1800万円、iDeCoは立場により異なりますが非課税口座を枠いっぱいまで使ったら、金融資産の増加に合わせて課税口座を活用してもいいでしょう。

退職給付金がある会社員の方は、60歳以降の生活を考えて受け取り方の検討も始めておきます。

確定拠出年金は加入して掛金を払えるのは、企業型が70歳（会社の規約による）、個人型（iDeCo）が65歳までとなります（ただし、厚生年金加入者、または国民年金の任意加入者などの条件があります）。55歳を過ぎたらハイリスク資産の比率を下げておいたほうが安心でしょう。受け取り開始の年齢や受け取り方も考えておいてください。

【利用する金融商品】自動積立定期預金、インターネット定期、個人向け国債、財形貯蓄、NISA、企業型確定拠出年金、iDeCo、株式、ETF、ロボアド

・60代の資産形成のコツ

リタイア時の資産と負債を確認しましょう。何歳まで仕事をするかによって家計管理や投資への向き合い方は変わってきます。

会社員は60歳定年でいったん退職給付金を受け取り退職した後、継続雇用などで働くケースが一般的です。金融機関が退職金専用商品などに勧誘してくるケースもありますが、これまでの経験をもとに冷静に判断してください。リスクを低減させるために投資先や時間を分散する運用の基本的な考え方は退職金を使った投資であっても同じです。

個人事業主は仕事をリタイアする時期を自分で決めることができますが、60代は小規模企業共済などを使った自前の退職金づくりの仕上げの時期といって

いいでしょう。

60歳で仕事をリタイアする人は、公的年金をもらえる65歳までの5年間のやりくりを事前に計画します。公的年金をいつから受け取るかも決めてください。

60代に入ったら運用方法の見直しをしましょう。安全資産とリスク資産の比率を検討し、必要に応じて変更します。年金生活に向けて配当金を受け取る株式投資を検討してもいいでしょう。

60代になると利用できる投資の非課税口座に制限があります。退職金も含めて資産残高が増えているなら課税口座も使って運用を続けます。ただし、60代にもなるとそれぞれの状況と今後の予定は若いとき以上に千差万別で、「こうすれば正解」というのが難しくなります。子どもは自立したか、住宅ローンの返済は終わったか、リタイアの時期はいつか、体調はどうかなどを踏まえて、50代とは運用方法を変えることも考えましょう。

【利用する金融商品】定期預金、インターネット定期、個人向け国債、NISA、株式、投資信託、ETF、REIT

第3章

認知症になる前に財産を信託するダンドリ

岡 信太郎

金融機関での本人確認が厳しくなった現代。
仮にあなたが認知症になった場合、
本人確認ができなければ口座が凍結される恐れがあります。
そうなってしまったときに役立つのが「成年後見制度」。
その基本を押さえておきましょう。
「人生100年時代」ですから、認知症になることを想定して
「任意後見」「家族信託」も積極的に活用することをおすすめします。

―著者プロフィール―

おか・しんたろう／司法書士。司法書士のぞみ総合事務所代表。1983年生まれ。北九州市出身。関西学院大学法学部卒業後、司法書士のぞみ総合事務所を開設。政令指定都市の中で高齢化が最も進んでいる北九州市で、相続・遺言・後見業務を多数扱う。介護施設などの顧問を務め、老後の法的サポートに関する相談を受けている。一般社団法人全国龍馬社中の役員や合気道祥平塾小倉北道場の代表（合気道四段）も務めている。著書に『財産消滅―老後の過酷な現実と財産を守る10の対策』（ポプラ新書）、『子どもなくても老後安心読本　相続、遺言、後見、葬式…』（朝日新書）、『済ませておきたい死後の手続き』（角川新書）、『「ひとり終活」は備えが9割』（青春新書インテリジェンス）などがある。

認知症で自分の財産を動かせなくなる!?

せっかく老後資金を蓄えてきたのに、「いざ」というときに使えない――。そんな信じられないようなケースを見聞きすることが増えてきました。

病気や認知症で金融機関に足を運べなくなった親の代わりに、子どもが出向いて手続きをすることは誰しも考えると思います。10年以上前なら、子どもが親の通帳と印鑑を持って銀行へ行っても、本人の代わりに預金を引き出すことは可能なこともあったようです。必ずしも本人が手続きに出向く必要はなかったのです。

しかし近年は、ことあるごとに本人確認が求められるようになっています。金融機関などで本人確認資料の提示が必要となり、本人との面会が必須となるケースも増えています。親が認知症になる前に頼まれていたとしても、本人の確認なしに高額のお金を家族が引き出すことはできなくなりました。そうなったのには2つの理由があります。

1つ目は、「犯罪収益移転防止法」の制定です。この法律は、別名本人確認法とも呼ばれます。この法律のもともとの目的は、マネー・ロンダリングを防いだり、テロリストに資金が渡ってテロ活動の資金として使用されることを防いだりすることにありました。テロ組織は国内ばかりでなく、国際的なネットワークを持っています。そこでテロ組織に資金が流れることを防ぐために各国同様、日本においても法整備が行われました。

2つ目は、いわゆる「振り込め詐欺」のような犯罪が全国各地で多発し、社会問題となっていることです。振り込め詐欺に手を染める犯罪者集団はさまざまな手口で高齢者の資産を狙ってきます。その手口は年々巧妙化、複雑化しており、お金をだまし取られる被害が後を絶ちません。

犯罪者集団にお金が渡ってしまうと、戻ってくる可能性はかなり低くなります。それゆえ、金融機関は慎重に慎重を重ねて本人確認を徹底するようになり、犯罪とは無縁な一般市民の生活にも影響が出ています。

これらの理由から、親のための支出であっても本人確認なしに家族が高額のお金を引き出すのは難しくなっています。本人が認知症であると判明した場合、口座が凍結されてしまうこともあります。

もちろん、本人の「意思確認」は慎重に行うべきです。預貯金であれ、不動産であれ、財産をどうするかの決定権は本人にあるからです。たとえ家族であっても、本人の意思に反して財産を動かしたり使ったりする行為は法的に問題があります。

ところが最近、本人確認ができないために、本人のための支出であっても自由に使うことができないケースが増えてきているのです。本人が認知症とわかった途端、金融機関側から口座を凍結されることもめずらしくなくなってきました。

その理由はもうおわかりですね。そう、認知症高齢者の増加です。

高齢者のお金を狙った振り込め詐欺の多発によって本人確認が厳しくなっていることは先ほどお話ししました。振り込め詐欺による被害をなくすために、金融機関が高齢者の預貯金の引き出しや振り込みに慎重になっています。それはある程度仕方のないことです。

ただ、金融機関が高齢者や認知症の方にどう対応するかは、そろそろ見直すべき時期に来ていると私は考えています。65歳以上の高齢者のうち、認知症高齢者は今後ますます増加していきます。2025年には約700万人、じつに65歳以上の5人に1人が認知症になるという推計がなされています。実際、高齢化が進行し、認知症に関する案件や相続案件は司法書士である私の事務所でも年々増えています。しかしながら、スムーズに対応できる窓口はまだまだ少ないと感じます。

現在、どの銀行も相続手続きを相続センターに一本化する傾向が見られます。認知症に対応するための新たな資格を導入することも発表されました。本人が認知症になっても家族が預金を引き出せる商品も出てきています。ただ、これは認知症になる前に本人が代理人を設定しておかなければいけません。

押さえておきたい「成年後見制度」のポイント

では、すでに認知症になり、財産が凍結されてしまったらどうすればいいのでしょうか。解決策としては基本的に「成年後見制度」だけとなります。

図１　認知症高齢者の将来推計

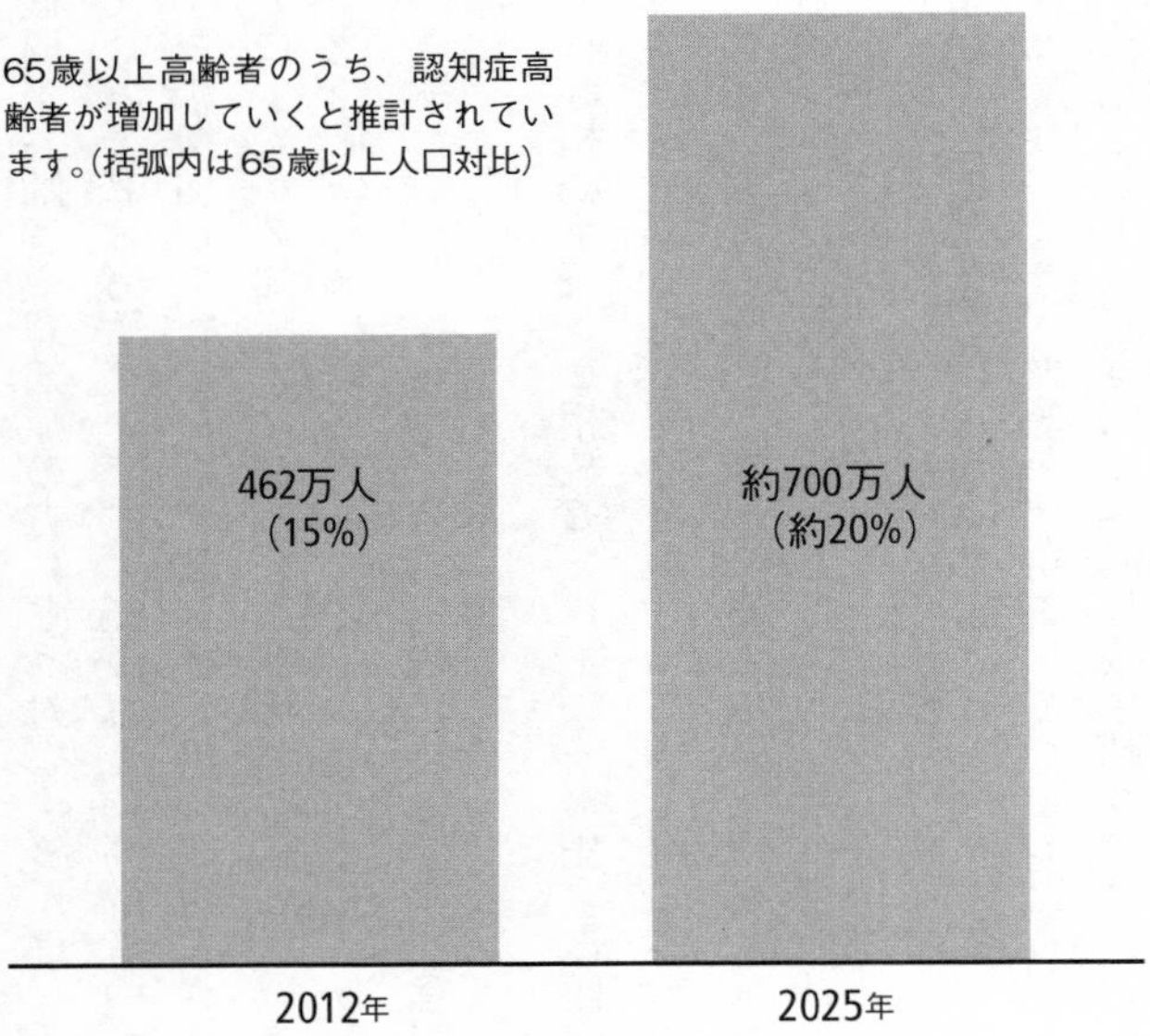

65歳以上高齢者のうち、認知症高齢者が増加していくと推計されています。(括弧内は65歳以上人口対比)

出典／「日本における認知症の高齢者人口の将来推計に関する研究」
(平成 26年度厚生労働科学研究費補助金特別研究事業　九州大学 二宮教授) による速報値

成年後見制度とは、裁判所に選任された後見人が、認知症などによって財産管理などの行為をひとりで行うのが難しい方の支援をする制度です。

後見人の仕事は、大きく２つあります。１つ目が「財産管理」です。その最たるものが通帳管理。本人に代わって預貯金の出し入れができるようになります。ほかにも、家の権利書のような財産の保管、不動産の管理、相続への対応などがあります。財産管理だけでなく、本人の生活に不可欠な病院代、公共料金、介護ヘルパー代などの各種支払いを支援することも重要な仕事です。

２つ目が「身上の保護」と呼ばれる仕事です。施設の入所契約や介護契約のような本人の生活を組み立てるものを指します。本人と定期的に面会し、施設担当者や主治医とも定期的にコミュニケーションを取りながら、できる限り本人の意向を反映させていきます。

ただし、後見人であってもできないこともあります。それは食事や入浴の介助です。それらの行為が必要な場合は、後見人はその手配を行うことになります。

また、手術や延命治療などの医療に対する同意はできません。婚姻や離婚、養子縁組を本人の代わりに行ったり、同意したりすることもできません。

成年後見制度は2000年4月1日、介護保険制度と同時にスタートしました。それまで介護サービスを受けるには市区町村等の行政判断が必要でした。いわば「お上」から介護内容や入所施設について指導されなければサービスを利用できなかったのです。しかし、1980年代以降、日本も高齢化が進み始め、利用するサービスを本人が決定し、みずから契約する形となりました。ここで登場するのが、成年後見制度です。介護保険制度では介護内容や入所施設は利用者が自ら選び、契約する必要があります。しかし、老化や認知症などによる判断能力の低下によってそれが難しいケースがあります。そのとき、本人の代わりとなる人が求められるのです。これが成年後見人です。

ところが、成年後見制度は介護保険制度と比べて知名度も利用率も低迷しています。認知症高齢者は増加し続けている一方なのに、です。そこにはいくつかの理由があります。

成年後見制度の普及が進まない理由の1つに、子どもをはじめとする親族自らが希望通りに後見人になれないことが挙げられます。後見人は家庭裁判所によって選ばれますが、近年、親族を選任しない傾向が強くなっているのです。今や8割以上が親族以外から選任されています。ちなみに親族以外とは司法書士、弁護士、社会福祉士といった専門職、市区町村等が実施する養成研修を受けるなどした一般市民の方です。親族が選ばれる場合もありますが、圧倒的多数で第三者が選任されているという現状があるのです。「自分が後見人になれる」と楽観視しないほうがいいでしょう。

成年後見制度が避けられる理由は他にもあります。後見人を利用するにあたっては家庭裁判所に申立書を提出する必要があり、それはA4用紙1枚で済むような簡単なものではないからです。

申立書には、医師の診断書を添付しなければなりません。成年後見制度は本人の判断能力に応じて「後見」「保佐」「補助」の3段階に分かれており、本人が今どの状態にあるのか、医師の判断を仰ぐ必要があるからです。

図2　成年後見人等と本人との関係について

成年後見人等と本人との関係別件数とその内訳の概略は
次のとおりである。

関係別件数（合計）	36,764件	（前年 35,723件）

〈関係別件数の内訳〉

親族		**7,242件**	**（前年 7,782件）**
親族以外		**29,522件**	**（前年 27,941件）**
親族以外の内訳	弁護士	7,731件	（前年 7,768件）
	司法書士	11,184件	（前年 10,542件）
	社会福祉士	5,437件	（前年 5,134件）
	市民後見人	311件	（前年 296件）
	その他	4,859 件	（前年 4,201件）

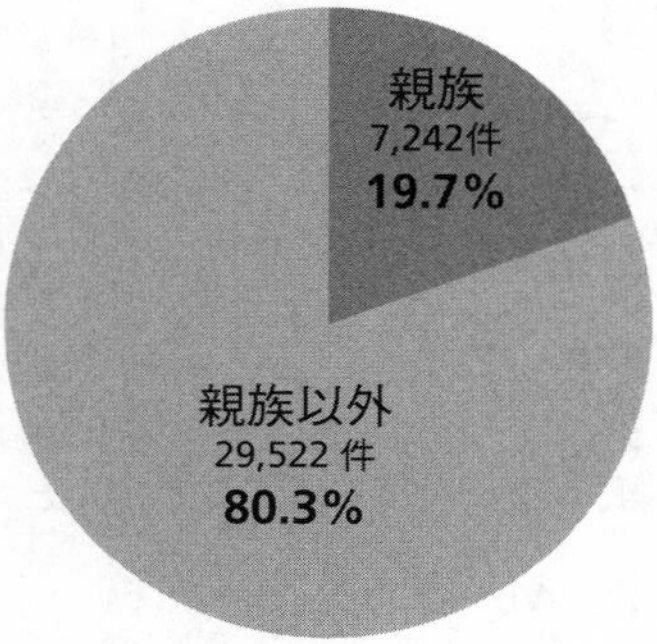

出典：最高裁判所事務総局家庭局　成年後見関係事件の概況　令和2年（1～12月）

添付書類はほかにもあります。中でももっとも馴染みが薄いのが「登記されていないことの証明書」です。これは、本人が事前に後見人を選任していないことを証明する書類です。東京の法務局が発行するため、多くの人が郵送請求をすることになります。

本人の財産がわかる資料も提出しなければなりません。典型的なのは通帳や保険証券です。原本は提出できませんので、コピーを取って提出する必要があります。しかし、これで終わりではありません。そのコピーをもとに財産目録や収支予定表を作成しなければならないのです。

こうした申立書の作成に時間がかけられない場合は司法書士などの専門家に作成代行を依頼することができます。ただ、その場合に発生する費用は原則として申立てをする人の負担なのです。

こうした複雑な手続きがあることを知っていれば、親が認知症となって金融機関から後見人をつけるように言われても「そう簡単に言ってくれるな」と思ってしまうのが一般市民の実感でしょう。制度が敬遠されるのも無理はありません。

それでも成年後見制度を利用する人がいるのは、予防のためというより、必要に駆られて急遽利用せざるを得なかったからです。そのことは最高裁判所事務総局家庭局の統計からも読み取れます。中立ての動機として最も多いのは「預貯金等の管理・解約」です。つまり、認知症を理由に金融機関の口座が凍結されるなどして行き詰まり、慌てて制度を利用しているのです。成年後見制度が認知症対策の「最後の砦」「駆け込み寺」と言われることもあるのはこのためです。

それゆえ、慌てて駆け込み寺に駆け込んでしまい、後悔する事例が後を絶ちません。

1つ目の理由としては先ほども申し上げたとおり、後見人に必ず希望通りの人が選ばれるとは限らないことです。本人とは何の縁もゆかりもない第三者の専門職が選任されることを覚悟しておく必要があります。

2つ目の理由としては、一度後見人がつくと本人が亡くなるまで利用は止められないということです。本人が生きているうちは、何らかの理由で制度の利用を中止したいと申し出ても認められないのです。

もちろん、本人の認知症の症状が改善して自立できれば後見を取り消すことは不可能ではありません。しかし、現在の医学では認知症を完全に治すのは難しいでしょう。後見の取り消しはほぼないと考えたほうが現実的かもしれません。

後見人の側も自分の意思で辞任することは基本的にできません。「正当な事由」があれば可能ですが、それが妥当かを判断するのは裁判所であり、辞任には裁判所の許可が必要です。

専門職が後見人についた場合、その人から別の人に変更することも簡単ではありません。「家族との相性が悪い」「態度が横柄」「通帳を見せてくれない」ということがあっても、後見人の変更が認められることは稀です。もちろん、横領などの不正行為があれば別です。

口座凍結の解除などの目的が達成されたからといって後見をやめることはできないことはぜひ知っておいてください。

財産を宙に浮かせないための10の対策

長い年月をかけて築いてきた財産も、認知症や病気によって判断能力が低下すると自分の意思で資産の管理や処分ができなくなり、財産が宙に浮いた状態になってしまいます。

相続人がいない人の遺産が国庫に納められることはご存じでしょう。昨今は単身世帯の増加などによって独り身の方が増加しており、その方に兄弟、姉妹のような相続人となる家族がいなければ相続人不存在となってしまいます。結婚していても子どもがいないなどの事情があれば、どちらかが先に亡くなった後に相続人不存在となるケースもあります。

そのため、毎年600億円以上ものお金が生前本人のために使用されることなく、相続人に引き継がれることもなく、国庫へと消えていっているのです。

準備をしないのが最大のリスクです。苦労して築いた財産は自分や希望する人・団体のために使えるように今から対策を打ってください。

①資産管理は健康な体あってこそ。健康寿命を延ばそう

健康寿命を延ばし、財産を守りましょう。認知症にならずとも、年老いていくと介護を受けることが増えていき、リハビリやデイサービス、デイケアに割く時間も多くなっていきます。そうなれば生活の中心に健康問題が居座り、資産管理に回す余力がなくなってしまいます。財産どころではなくなってしまうのです。

そこに認知症の発症が加わると、さらに財産の管理能力や契約能力は低下していきます。場合によっては完全に喪失してしまう恐れもあります。そうなると一層、自分の財産なのに手をつけられなくなる恐れが高まってしまうのです。

一方、健康であればどうでしょう。これまでと同様、自分の判断によって財産にまつわるすべてのことを決めることができます。本人確認と意思確認さえできれば、90歳になろうが100歳になろうが契約等の法律行為も問題なく行えます。遺言を作成して資産が分散しないように対策を打つこともできます。この後の項目で説明する「任意後見」や「信託契約」によって財産を守ることも可能です。

まず、体の健康のために今、何ができるかを考えてみましょう。食事、運動、睡眠といった生活習慣を見直し、問題があれば改善を図ってください。生活を改善したからといって絶対に病気にならないという保証はありませんが、やっておくに越したことはありません。

認知症は、脳梗塞などの血管の病気をきっかけに発症することもあります。日々の食事で減塩を実践したり運動をしたりすることで発症の確率を下げておけば、判断能力をできるだけ長く維持する助けになるはずです。

体力と気力は連動しており、どちらか一方が低下してしまうと、財産への関心が薄くなってしまう恐れがあります。そのような事態はできるだけ避けたいものです。健康第一を心がけましょう。

②5年後「自分はどうなっていたいか」から逆算しよう

5年をめどに人生の目標を定めて、それを実現するための行動をしていきましょう。今日の自分は5年前の自分がつくった、と私は考えています。5年前に自分がどういう生活を送っていたか、何を考えていたかを思い出してみてください。5年前に不摂生をしていたら、今ごろ体調を崩して仕事も資産管理もできなくなっていたかもしれません。

過去を変えることはできませんが、今の行動を変え、それによって5年後の自分を変えることはできます。

5年後、あなたはどうなっていたいでしょうか。理想のイメージを描き、そこから具体的な目標に落とし込んでいきます。まずは健康に関する目標から設定してみましょう。「5年後もまだ元気に仕事をしている」「資産運用を続けている」「介護を受けずに暮らしている」……。

次に、財産に関する目標を設定します。「銀行口座は今の半分にする」「子どもに資産について話をしておく」「後見人の候補者を決める」などのように、目標はより具体的にすることをおすすめします。実現できるかどうかの確率が低い目標ばかりだとモチベーションが下がってしまいますので、必ず実現できる目標も入れておきましょう。一つひとつは小さな目標であっても、それを達成できたという事実は大きな自信につながります。目標ができたらリスト化して、いつも目に入るところに貼っておくとよいでしょう。

③自分の財産と推定相続人を正確に把握しておこう

せっかく築いた財産を宙に浮かせないためには、財産の正確な現状把握が必須です。「自分の財産なのだからざっくりとした管理でもいいでしょ」と思われるかもしれません。しかし、ある日突然倒れてしまったら、あなたの財産はどうなってしまうでしょうか?

本人に直接確認できないとなると、あなたの財産を把握できる人は誰もいなくなります。周りの人があなたの財産を関連の機関に問い合わせて一から調べるのは時間がかかりますし、精神的負担も大きいものです。あなただけでなく、家族や周囲の人たちが困ることになるのです。

まずは自分が所有する資産をまとめた「財産目録」を作成しましょう。財産にはプラスのものもあれば、マイナスのものもあります。必ず両方記載しましょう。プラスの財産とは、預貯金、不動産、株、貴金属など。マイナスの財産は、住宅ローンなどの借金、買掛金、未払いの税金などです。

財産目録には取り扱い機関も明記しておきましょう。どこの銀行に口座があるのか、ローンは残っているのか、税金や健康保険料、社会保険料はきちんと支払っているのかを記録に残しておきます。ローンの支払い計画書や不動産の登記簿謄本などの資料も財産目録といっしょに管理しておくと財産の把握は一層しやすくなります。

財産目録があれば、いざというときに管理を家族に移行しやすくなります。遺言を作成する際にも役立ちます。

財産だけでなく、相続関係も正確に把握しておきましょう。縁がないと考えていた相続人、顔を見たこともない相続人が出てくることが相続では起こり得ます。予期せぬ相続人が出現すると、トラブルが起こったり財産が分散したりするリスクがあります。

気をつけたいのは再婚しているケース、子どもがいないケースです。推定相続人を念入りに確認しておきましょう。

再婚の場合、最初の結婚のときの子どもと再婚でできた子どもが相続人になります。子どもがいない場合は、夫婦だけが相続人になるわけではありません。兄弟や姉妹、甥や姪も相続人となることがあり得ます。

④成年後見制度の成功事例を知ろう

成年後見制度は認知症対策の最後の砦である、と説明してきました。本人の認知症が進行して財産が凍結されてしまった場合、本人は判断能力が低下しているため、家庭裁判所による後見人の選任しか、凍結解除の方法はなくなるのです。

ただ、制度としていろいろと使いづらいところがあり、普及が進んでいないのが現状だとお話ししてきました。

ところが、成年後見制度はときに強い威力を発揮します。それは独り身の方、家族がいてもなんらかの事情で頼れない方が認知症になってしまった場合です。代わりに財産管理ができる人がいないと、本人のお金であっても動かすことができず、財産が完全に宙に浮いてしまうことになります。その結果、生活環境が乱れ、健康まで損ねてしまう事態に陥る恐れもあります。

こうした場合、本人の親族やケアマネジャーなどの福祉担当者らが一時的に対応することがありますが、それも限界があります。親族ら自身に問題が起これば、他人のサポートどころではなくなってしまうからです。また、福祉担当者にとって財産管理は本来の業務ではないため、スポット的対応となってしまい、いずれ行き詰まってしまいます。

そこで有力な選択肢となるのが、成年後見制度です。この制度を使えば、家庭裁判所が必ず後見人を選任してくれます。本人に頼れる身近な人がいなくても、今後の生活をサポートする後見人という代理人を、法に則った手続きを経た上で立ててくれるのです。

一度、制度の利用を始めたら、本人の判断能力が回復するまで支援してくれます。回復が難しくても、本人が亡くなるまでずっと関わり続け、財産管理や本人の生活を組み立てるサポートをしてくれるのです。

私も、これまで独り身の方の後見人を幾度となく経験してきました。夫が亡くなり、寝たきりとなった方、マンションでの一人暮らしから施設入所になった方、若くして精神障害となった方……。みなさん、財産が宙に浮いた状態になっていました。

しかし私が後見人となってそれぞれの方の銀行口座の管理を代行して、生活に必要な支払いを行うことができるようになりました。施設入所に伴う自宅の売却をサポートしたこともあります。

成年後見制度は安易な利用は避けるべきですが、いざというときは利用を躊躇する必要はありません。後見業務に詳しい専門家のアドバイスをもらいながら検討してみてほしいと思います。

⑤子どもに頼れるか夫婦で話し合っておこう

子どもがいても、いざというとき頼れない事情を持つ方は意外とたくさんいらっしゃいます。親子関係がうまくいっていない、遠方にいてすぐに駆けつけられない、子どもが先に亡くなっている、子どものうちの1人が財産を狙っているなど、家族によって状況はさまざまです。そもそも、自分たちのことで子どもに迷惑をかけたくない、と考える方もいます。

そうした事情を踏まえて、子どもに頼れるのか、頼れないのか、頼れる場合はどうするかを夫婦で話し合っておきましょう。

ある程度は頼れそうという場合は、子どもとの情報共有を考えましょう。そのための準備として、③で説明した「財産目録」を作成します。それを基に、子どもに資産状況を把握してもらいましょう。子どもがいろいろな制度を調べていることもあるので、有益な情報を持っているようなら、彼らの意見を聞き、取り入れることも考えてみてください。

ただ、自分の子どもといっても財産のすべてを開示したくないと考える人もいるでしょう。子どもが複数いる場合、誰にどこまで開示するかを悩む人もいるかもしれません。

そのときは、生活費の支出がある口座や年金が振り込まれる口座だけを子どもの1人に伝えておきます。「入院などのいざというときはこの口座から払って」と伝えて通帳・キャッシュカードを預けるか保管場所を教えておけば、子どもは慌てずに済みます。相続の場面で他の兄弟から使い込んだと疑われないようにしておくことも重要です。お金を動かした場合は出納帳をつけたり、領収書を保管しておいたりすることをアドバイスしてあげてください。

一方、子どものいない夫婦はどう考えるのが正解でしょうか。「パートナーに任せておけば安心」と思っていませんか？

じつはこの考え方は資産管理の観点で見るとリスクがあります。夫婦であっても、いずれはどちらかが亡くなって1人になるからです。自分かパートナーが1人になった場合の資産管理まで考えておかないと、残された人の判断能力が低下したときに財産が宙に浮いてしまう危険性があるのです。

認知症になって資産が凍結されてしまったらどうするか、相続はどうなるか、一度しっかりとシミュレーションをしておくことをおすすめします。元気なうちにできることをする。それが想定外の事態で慌てないためのポイントです。

⑥「任意後見」で、自分で後見人を指定しておこう

成年後見制度について説明したパートで、面識のない第三者が後見人に選任されるケースが多いことをお伝えしました。

ただ、成年後見制度には2種類あります。1つはすでにお話しした家庭裁判所に後見人を選んでもらうものです。これを「法定後見」といいます。もう1つは、あらかじめ後見人を指定しておく「任意後見」と呼ばれるものです。将来の認知症に備え、任意後見を利用して事前に自分で後見人を決めておけば、いざ後見人が必要となったときにすぐにサポートの段階に進んでもらうことができるのです。自分の人生を自分で決めたい人にとっては、任意後見は検討に値する制度です。

任意後見では、後見人を選ぶのは自分自身です。家庭裁判所ではありません。後見人の資格に特に制限はなく、親族に依頼することもできます。普段から自分の面倒をみてくれる親族がいるなら、その方を後見人に指定しておくことができます。

ただし、親族を選ぶ場合に注意すべきことがあります。子ども、甥や姪など、なるべく若い世代の方にしておいたほうがいいということです。自分と同世代の方を選んでしまうと、いざ利用したいときに相手も年を取っていて他人のサポートどころではない状態になっている確率が高いからです。

若い親族がいない場合は、弁護士や司法書士などの専門職に頼むこともできます。将来、自分の財産を預けるかもしれない相手です。普段からお世話になっていて人柄をよく知っている、信頼している人を選ぶようにしてください。そうした専門職が身近にいなければ、各市区町村にある地域包括支援センターの相談窓口に問い合わせてみることをおすすめします。

後見人をお願いできる人が見つかったら、相手に相談して同意を得ましょう。相手が同意してくれたら、依頼したい内容を話し合い、任意後見契約書を作成します。後見人を誰にするかだけでなく、何をお願いするかまで細かく決めなければなりません。口座の凍結を心配しているのなら、金融機関の取引に関することを契約書に盛り込みます。将来、施設に入るときに所有している不動産を売却して施設入居の資金に充ててほしいと考えているなら、不動産の売却についても盛り込みます。

契約書は公証役場で締結し、公正証書にします。相手が弁護士や司法書士であっても、公証役場での作成が必須です。

任意後見は法定後見と異なり、将来の認知症に対する備えですから、後見人が実際に動くのは先の話になります。実際に動いてもらうことになったら、月々の費用が発生します。

⑦「地域包括支援センター」を活用しよう

各市区町村には「地域包括支援センター」という高齢者の暮らしを地域でサポートするための拠点が設置されています。高齢者の財産をめぐる問題、医療や介護の問題、権利擁護に関する問題の相談窓口となっています。成年後見制度の概要を知りたい、実際に利用したいと考えたときにも真っ先に利用したい相談先です。法定後見を考えているけれどいきなり家庭裁判所に行くのは気が引ける、弁護士や司法書士にも気軽に相談しづらいといったときにもぜひ利用してみてください。

地域包括支援センターは２００６年の改正介護保険法の施行に伴って設置されました。センターでは以下の４つの機能を備えています。

⑴介護予防ケアマネジメント

介護認定の審査で要支援1・2の認定を受けた高齢者に対する介護予防ケアプランの作成等を行います。

(2)総合相談支援

高齢者の生活上の困りごとについて総合的に相談に乗ってくれます。相談内容に応じて必要なサービスや制度の紹介もしてくれます。

(3)権利擁護

高齢者に対する詐欺、悪質商法などの消費者被害への対応をします。その他、高齢者虐待被害への対応、早期発見、防止など、高齢者の権利と財産を守るための取り組みも行っています。

(4)包括的・継続的ケアマネジメント支援

医療、保健、介護などの地域内にあるさまざまな社会資源を活用し、適切なサービスを受けられるよう案内をしています。地域住民から各分野の専門家までの幅広いネットワークを構築し、高齢者を支えるサポート体制を整えています。

センターには、保健師、社会福祉士、主任ケアマネジャー、またはこれらに準ずる方が所属しています。医療機関、介護保険施設、民生委員、消費生活センター、専門家団体などと広く連携し、情報共有をしています。地域のよろず相談所としてぜひ活用してみてください。

⑧「ケアマネ」との連携で相談体制を充実させよう

本書を読んで「認知症になってもいざというときは成年後見制度があるから大丈夫」と思われたかもしれません。しかし、認知症高齢者の抱える問題は財産に関することばかりではありません。判断能力が低下しているわけですから、医療、介護、住まい、生活支援など、生活全般に関するサポートが必要な状態です。そこで重要になってくるのが「ケアマネジャー」との連携です。

介護のプロであるケアマネジャーは、普段からさまざまな施設や事業所、病院に出入りしています。地域包括支援センターとも密接に連携しており、その地域の福祉に関する情報やネットワークを熟知しています。本人が介護認定を受け、介護サービスを利用する際に必要となるケアプランの作成でもケアマネジャーが力を発揮します。後見人が親族であれ専門職であれ、介護サービスの内容を理解して独力で作成するのは難しいからです。

ケアマネジャーとの連携をおすすめするのは、認知症高齢者への福祉的な支援を充実させる狙いもあります。弁護士や司法書士といった専門職の後見人だと、後見以外にもさまざまな業務を抱えており、すべての時間を後見業務に充てるのは不可能です。これは親族の後見人でも同じです。財産管理はサポートできても、法律面や介護面まで担うのは負担が大きすぎます。

普段からケアマネジャーと連携を取っていれば、本人の状態を的確に把握することができます。介護サービスの利用だけでいいのか、財産管理が必要な段階に入っているのか、自宅から施設に移ったほうがいいのかなど、ケアマネジャーと必要な対策を考えていきましょう。

⑨元気なうちに「遺言」を作成しておこう

死後、せっかく築いた財産を宙に浮かせてしまわないよう、元気なうちに「遺言」を作成しておくことをおすすめします。遺言は生前に作成しておき、遺した人が亡くなった際に初めてその効力が生じるものです。

遺言を作成する最大のメリットは、遺産分割協議が不要になることです。というのも、この遺産分割協議そのものが財産が宙に浮いてしまう原因となるからです。

遺産分割協議の参加者は、相続人全員です。1人でも拒否してしまうと、協議は成立しません。協議が成立しないと、銀行口座の解約や不動産の名義変更ができず、遺された財産に一切手をつけることができなくなってしまうのです。

しかし遺言があれば、遺産分割協議をせずにこれらの手続きをすることができます。「この財産は○○に相続させる」と財産を承継する人を指定したり、分配方法を定めたりできます。財産を承継する人に直接財産を移すことが可能になるのです。

ただし、注意点があります。遺言は「口頭」でなく「書面」で遺しておくべきということです。いくら「生前に本人がそう言っていた」と言っても認められません。

遺言はつくりたいけどあまり大げさにしたくないという方におすすめなのは、

「自筆証書遺言」です。通帳の写しやパソコンでつくった財産目録のほか、全文・日付・氏名を自筆し、押印をする必要があります。

自筆証書遺言は第三者のチェックを経ていないとミスが多いものです。また、言い回しや財産の特定をめぐって疑義が生じた場合、せっかくつくった遺言がかえって争いの元になってしまうことがあります。

そうなることを防ぐため、自筆証書遺言の場合は法務局での自筆証書遺言書保管制度を利用しましょう。法務局が遺言の保管を行っており、申請すれば15歳以上なら誰でも利用することができます。この制度は遺言の内容の有効性を保証するものではありませんが、遺言の形式は法務局で確認してくれます。そのため、ありがちな形式のミスは防ぐことができるようになりました。公的機関が預かってくれるため、紛失や偽造のリスクも限りなく低くなります。初回手数料は3900円とリーズナブルです。

自筆証書遺言をつくるのは大変という方は、公正証書遺言を検討するとよいでしょう。高齢になると書面で遺言を作成するのに負担を感じる人もいます。中には自分の名前を書くのもやっと、という方もいらっしゃるでしょう。公正証書遺言なら、そうした方でも遺言を作成しやすくなります。

公正証書遺言は、公証人が本人の希望を聞き取りして筆記し、公証人が作成します。内容の確認を終えたら本人は署名と押印をするだけなので、負担の少ない遺言のつくりかたといえます。

⑩「民事信託（家族信託）」の利用を検討しよう

今、「民事信託」が注目されています。家族で資産対策をするため「家族信託」と呼ばれることもあります。家族信託は、生前に財産の運用や処分まで家族ができる制度です。成年後見制度は財産の保全がメインであり、第三者の管理下に置かれることが多いですが、家族信託は柔軟に財産管理の設計ができます。

家族信託では「委託者」「受託者」「受益者」の３者が登場します。それぞれの関係を頭に入れておきましょう。

「委託者」は、財産を預ける人を指します。「受託者」は財産を託される人です。「受益者」は、対象となった財産から経済的利益を受ける人を指します。この３者間で、財産管理のスキームを組みます。

家族信託では、自分の財産（信託財産）を信頼できる家族に託して所有者の代わりに管理してもらいます。「委託者」と「受益者」を同じ人にすることができますし、「第2受益者」として次の人を設定することもできます。

スキームを組んだら、「委託者」と「受託者」の間で信託契約を結びます。何の目的のためにどの財産を信託するかを盛り込みます。契約が完了したら、財産の名義を「受託者」に移します。名義が「受託者」に移っていますので、管理するだけでなく、「委託者」に代わって処分をすることもできます。

この家族信託をうまく使えば、心強い認知症対策になります。「委託者」である本人が仮に認知症になったとしても、信託財産となっている部分については「受託者」が管理できるようになっているからです。しかも、経済的利益は「受益者」が受けることになっていますから、安心して財産を預けられます。

認知症になる前に！ 今すぐするべき財産の手続き

財産を宙に浮かせてしまわないようにするためには、元気なうちに対策をするのが大前提です。病気が絡む話になると「今そんな話をするなんて」「そのうちでいいでしょ」「あの人に任せているから大丈夫」と言いたくなりますが、「いざ」というときはいつやってくるか、誰にもわかりません。気がつけば、本人も家族も動けず、財産が宙に浮くどころか、国庫に入って消滅してしまう、なんてことになったら泣くに泣けません。「思い立ったが吉日」で対策をしましょう。

最後に対策が奏功した事例を2つ紹介します。あなたと家族の財産を守るための参考になれば幸いです。

事例①　家族信託が家族を救う

田中さん(53歳、女性)は今、大きな不安に襲われています。いとこから叔母の話を聞いたからです。

いとこによると、いとこの母親である叔母は認知症が進み、本人の銀行口座が凍結されてしまったとのこと。一度凍結された口座を元に戻すには本人の承諾が必要ですが、叔母を銀行に連れていっても本人が混乱してしまう恐れがあったため、あきらめたそうなのです。

凍結を解除する方法をいろいろと調べた結果、いとこは「成年後見制度」で母親の口座を再び利用できることになりそうだと考えました。司法書士などの専門家に相談することも考えましたが、制度の利用に際して費用はかけられないと考え、慣れない事務作業に四苦八苦しながら自分たちで成年後見人選任の申し立てをしました。ところが、母親の後見人となったのは見ず知らずの専門家の名前でした。

いとこは自分が選ばれなかったことに納得がいかない気持ちがありつつも、これで無事に口座を再開できると安堵します。母親のお金を使って築40年以上経って傷んでしまった家をリフォームするつもりでした。

しかし、後見人は、本人のために必要だという資料がないとお金は用意できないと言います。2社分のリフォーム会社の見積書、家庭裁判所に提出する上申書まで用意するように言われて、いとこは途方に暮れていました。自分たちの家のことになぜお金を使えないのか、理解に苦しむといとこは話してくれました。

田中さんは、いとこと叔母の身に起こったことを聞いて、いても立ってもいられなくなりました。最近、自分の父親の調子があまりよくないからです。ぼーっとすることが増え、食べる量が減っています。入院したり認知症になったりした場合、父の財産はどうなるのだろうと思いました。

父親の財産としては、自宅と賃貸物件があります。まとまったお金が必要になったら賃貸物件を売却して費用に充ててほしいと言われていました。

しかし、父親に今後何かあったら父親の意思確認が難しくなります。今できる対策はないかと、田中さんは妹といっしょに調べ始めます。そして「家族信託」に関する本を見つけました。本によると、家族信託を使えば親の財産を家族に預けることができると書いてあります。裁判所を通さなければならない成年後見制度より使い勝手もよさそうです。賃貸物件の税金の申告を頼んでいる税理士に相談してみたところ、知り合いの司法書士を紹介してもらえることになりました。

司法書士や父親との話し合いはスムーズに進み、父親が所有する賃貸物件を信託財産にすることにしました。受託者は田中さん、妹は監督人です。信託口座を開設して父親の生活に使えるよう金銭管理を行える設定もしました。手続きが終了し、田中さんと妹ばかりでなく、父親もほっとした様子でした。

その数年後、田中さんの父親はアルツハイマー型認知症を発症し、グループホームに入所します。田中さんは父親の意向どおり、賃貸物件を売却して、その代金を信託口座に入金しました。今後は、そこから施設代を支出することができます。

事例② 夫からの遺言が妻を守った

沖田祥子さん（74歳、女性）は、50代のときに夫の敬太郎さんと出会い、結婚しました。祥子さんは初婚、敬太郎さんは再婚です。敬太郎さんに子どもはいませんでしたが、8人兄弟でした。敬太郎さんは6番目です。

2人は今後を見据えて70歳を前に自宅を売却して有料老人ホームに移りました。もともと2人は頻繁に旅行したり、イベントに参加したりするなど仲がよかったのですが、70歳を過ぎると敬太郎さんは部屋にこもることが多くなっていました。

ある日、祥子さんは施設の仲間といっしょに花見に行きました。敬太郎さんは留守番です。部屋に戻り、「ただいま」と声をかけますが、敬太郎さんから返事がありません。敬太郎さんはテレビの前のソファに横になっていました。体をさすってもまったく動きません。すでに敬太郎さんは亡くなっていたのです。

葬儀などで、1週間ほどは息をつく暇もありませんでした。ようやく部屋でひとりになると不安が襲ってきました。これから遺品を整理し、財産について手続きをしていかなければなりません。

祥子さんは疲れていました。けれども、大事なものだけは先に整理しておこうと疲れを押して敬太郎さんの部屋の整理を始めました。書棚の前に立つと、本と本の間に手紙のようなものが挟まっているのが目に入りました。封筒の角が大きく飛び出ていたので目についたのです。祥子さんが取り出してみると、表に「遺言書」と書かれていました。

封のされていない封筒から中身を取り出すと「すべての財産を妻　祥子に相続させる」とあります。敬太郎さんは自分が先に逝ってしまうことを考えてくれていたのです。遺言の最後には「祥子　愛しています　これまで　ありがとう」と直筆で書かれていました。

祥子さんはその後、この遺言をもとに遺産相続の手続きを進めました。依頼した司法書士からは「敬太郎さんは兄弟が多いので、遺言がなければ甥や姪まで含めてすべての相続人全員に確認をとらなければなりませんでしたよ」と言われました。敬太郎さんのおかげでスムーズな相続ができたのです。

この件で準備の大切さを知った祥子さんは、夫の遺した遺産を守るため、自分もできるだけの備えをすることに決めました。要介護や認知症になったときのことを考え、成年後見制度の利用を考え、夫の相続手続きでお世話になった司法書士に後見人になってもらうことにしました。祥子さんはまだ元気なので、将来その必要が出てきたときに後見をお願いする「任意後見契約」を結びました。葬儀やお墓についてもその司法書士にお願いすることにしています。

第4章 老後に住める家を見つけるダンドリ

太田垣章子

信じられないことに、今、高齢者が部屋を借りにくくなっています。
お金の有無は関係ありません。
なぜ高齢者が部屋を借りられないのか。
その理由を知って、今のうちから対策を立てましょう。
60代に入ると定年によって定期収入がなくなる、あるいは減るなどして
ローンを組みにくくなり、住む場所の選択肢が一気に狭まります。
そうなる前に、「終の棲家」を見つけることをぜひともおすすめします。

――著者プロフィール――

おおたがき・あやこ／ＯＡＧ司法書士法人 代表司法書士。専業主婦だった30歳のときに、乳飲み子を抱えて離婚。シングルマザーとして6年にわたる極貧生活を経て、働きながら司法書士試験に合格。これまで延べ３０００件近くの家賃滞納者の明け渡し訴訟手続きを受託してきた賃貸トラブル解決のパイオニア的存在。家主および不動産管理会社向けに「賃貸トラブル対策」や、おひとりさま・高齢者に向けて「終活」に関する講演も行い、会場は立ち見が出るほどの人気講師でもある。著書に『老後に住める家がない！――明日は我が身の〝漂流老人〟問題』（ポプラ新書）、『あなたが独りで倒れて困ること30――１億「総おひとりさま時代」を生き抜くヒント』（ポプラ社）などがある。

「高齢者」というだけで賃貸住宅を借りられない!?

高齢者——。ただそれだけで部屋を借りにくくなる現実があることを、ご存じでしょうか。

生きるのに欠かせないと言われる『衣食住』ですが、高齢になれば、日々着るものはすでに持っています。お出かけのための洋服や装飾品も、身に着けて行く場が少なくなれば必要がありません。食べるものへの欲求も小さくなっていくでしょう。連日、高級なフランス料理や肉なんて胸やけして食べられません。このように、高齢になると『衣』も『食』も重要度は低くなります。

一方、『住』は誰にとっても、何歳になっても必要不可欠な生きる基盤です。

ところが、その住まいを借りられないだなんて、そんなことが本当にあるのかと思われるかもしれません。

しかし実際のところ、70歳を超えていることを伝えただけで、不動産会社の反応は鈍くなります。場合によっては、内覧希望をメールで送っても返事すら返ってこないこともあります。

大手企業を勤め上げて資産を持っていても、近くに身内が住んでいても関係ありません。高齢者というだけで、家主も不動産会社も、積極的に部屋を貸すのを嫌がるのです。

私は20年前から、ふとしたことをきっかけに賃貸トラブルに関する訴訟手続きに関わるようになりました。特に家賃を払わない滞納者の明け渡し訴訟が多く、その数はこれまでに3000件弱にのぼります。件数的にはもっとたくさん携わっている先生もいらっしゃると思いますが、相手方との関わり方の深さでは、日本一だと自負しています。なぜなら、相手方となる滞納者は最終的に住む場所を失うことになるため、どうしても深く関わらざるを得ないのです。

そのため私は、彼らが部屋を明け渡したあともホームレスにならないように福祉と繋いだり、次の転居先を探したり、親御さんのところに一緒に頭を下げに行ったりと、時には司法書士の仕事の枠を超えて関わりながら今まで数々の難題を解決してきました。

そんな私でも滞納者の年齢が70歳を超えてくると、心配が高じて夜も眠れない日が増えてきます。高齢者の場合、次の部屋を貸してくれるところがなかなか見つからないからです。

なぜだと思いますか。理由はさまざまありますが、一番は「高齢者には孤独死の恐れがある」からです。

そもそも一般の方々には知られていないのですが、賃貸借契約は財産権なので、契約を結んだ賃借人が亡くなった場合、その相続人に相続されます。賃借権だけでなく、部屋の中の物もすべて相続人の財産となります。ところが荷物を全部撤去してから亡くなる賃借人はいません。家主側は勝手に他人の物を撤去できないので、荷物は相続人に片づけてもらうか、処分の同意を得ることが必要になります。

たとえば身寄りのない単身高齢者が亡くなった場合、家主側はまず相続人を探して、その方と賃貸借契約を解除して部屋を片づけ終わらないと別の入居者に貸すことができません。ましてや相続人が複数になる場合、法律上は相続人全員と解約手続きをしていくことが求められています。

しかし、個人情報の保護が叫ばれる現代では、利害関係者であったとしても相続人を探して連絡を取るのは非常に難しいことです。それなのに、民間の家主が相続人を探さなければならないとなると、これは大変な負担です。

ようやく相続人を確定できたと思っても安心はできません。相続人が行方不明の場合があるからです。行方不明だからといって、手続きがすぐに終わるわけではありません。この場合には、不在者財産管理人を選任して、その管理人と手続きしていくことになってしまいます。

また、ようやく見つかった相続人が、相続放棄してしまうことも多々あります。相続人側からすると、協力したいけれどできないといったところでしょうか。残念ながら善意で賃貸借契約の解約や荷物の処分をすると、その法律行為は、財産をいったん相続したものとみなされ、その後に相続放棄したくてもできなくなってしまうからなのです。

そもそも賃借人が亡くなったことを知らず、家主側から連絡を受けるような場合や、賃借人が亡くなったことを知っても知らぬ顔をしている場合は、賃借人との関係が希薄なのでしょう。そうなると亡くなった賃借人が多額の借金や家賃の滞納をしていても、知らない可能性があります。後から相続人のところに借金取りが来ても困ってしまうため、保身を考えて相続放棄をしたいと考える人が多いのも致し方ありません。

ところが相続人が相続放棄したからと言って、不在者財産管理人のときと同じで、このまま終われるわけではありません。

相続人が相続放棄してしまい、次順位の相続人も相続放棄して、相続人が誰もいなくなった場合には、民法上は相続財産清算人を選任申し立てし、その清算人と手続きを取っていくことになります。すべての手続きが終わるまで、少なくとも1年以上はかかってしまいますが、家主側は当然、その間の賃料報酬を得ることができません。

また相続財産清算人はボランティアではないため、賃借人の資産から報酬が得られないとなると辞任せざるを得なくなることもあります。そうなれば、家主側は何もできない、ということになってしまいます。結果、家主側にすべての負担がのしかかってしまうというわけです。

部屋の賃借人が孤独死した場合の、具体的なトラブルを挙げてみます。

・相続人である家族が相続放棄してしまったので、荷物の処分をしなければならなくなった
・遺品整理に多額の費用と時間がかかり、その費用が家主負担となった
・死臭や亡くなった痕跡が残り、次の借り手が見つからず、建物が取り壊しとなった
・生活保護受給者だったが、亡くなった日からの家賃補助が打ち切られ、室内の家財道具撤去費用を負担してもらえなかった
・連帯保証人である遺族に無視され、遺品の引き取りにも来ない
・病死であっても近隣の噂で耳に入るので、募集しても入居申し込みがない

こうした声を聞くと、家主や不動産会社が「できれば高齢者に貸したくない」と思うのは無理からぬことかもしれません。

孤独死によって「事故物件化」する賃貸が続出

いま賃貸物件に住んでいる中高年も10年、20年と経てば高齢者になり、亡くなる可能性が高くなります。孤独死もあるでしょう。

基本的に、事故物件となるのは自殺や他殺が原因であり、病気等で亡くなった場合は含まれません。ところが病死であったとしても、発見が遅れてしまって特殊清掃が必要になったりすると事故物件になってしまいます。そうなると自殺や他殺のように告知義務も発生し、次の入居者を確保できにくくなるという問題が生じてきます。孤独死が原因で事故物件になった場合の家主や不動産会社の悩みを紹介します。

・孤独死が発生したが身寄りがなく、ご遺体の対処、滞納された賃料、リフォーム費用などがすべてこちらの負担となった。賃料を下げても風評被害でその後の入居者を見つけることができなかった。不動産の売却依頼を受けたが、やはり売れず、苦労した

・浴室で孤独死が発生。死亡翌日に発見され、病死だったことから本来次の入居者への告知義務はないが、入居後に知ることになる可能性が高いため、告知をしている。浴槽の交換をして家賃も下げたが、入居希望がなく、ずっと空室のまま。このようなことがあると、高齢者への紹介には二の足を踏んでしまう

・木造2階建てアパートで高齢女性が浴室で孤独死。原因は心不全。ご子息が母親と連絡が取れないことを心配して入室確認し、死亡が発覚した。死後2週間ほど経っていた。残置物は処理業者に依頼して処分。しかし腐敗臭は残ったため、賃貸物件として貸すことが不可能に。他の部屋の入居者も徐々に退去。その後、家主の希望もあって募集はせず、建物は解体して更地に。もともと家主は貸さないと言っていたにもかかわらず、死亡した高齢女性がどうしても借りたいと申し出て貸した経緯があったため、家主は今後中高年の単身者には貸さない方針を明確にした

病死も、新しい入居者から「前もって知っていたら借りなかったのに」というクレームが来ないよう、家主側は告知しています。しかし、告知したらしたで、次の入居者を確保できなかったり、賃料を下げざるを得なかったりして資産価値低下につながっています。

結局のところ、入居者が孤独死すると家主側の負担が非常に大きくなります。そのため、入居者確保が少々困難になったとしても、事故物件化を防ぐために高齢者に貸すのを避けるしか方法がないのです。

しかし、このような現状は家主にとっても、賃貸を借りたい高齢者にとっても不幸な事態です。人は生きている限り、どこかに住まなければなりませんし、生きている人は誰しも必ずいつか死を迎えます。人が亡くなった場所をすべて事故物件化していたら、この日本に高齢者の住む場所はどこにもなくなってしまいます。高齢者の増加によって死亡者数が増え、人口が減少していく「多死社会」もすぐそこまで来ています。今後は『死』に対する認識を、日本人は変えていく必要があると私は考えています。

孤独死以外にもある高齢者の賃貸トラブル

２０１８年に行われた調査でも、家主や不動産会社の大半が「できたら高齢者に貸したくない」と思っているという結果が出ています。そこには、賃貸借契約の相続や孤独死に絡む問題以外にも、さまざまなトラブルがあることがうかがえます。

・高齢者の認知症が進み、実質面倒をみなければならない
・家族が対応しない。言ってもしてくれない
・共有部分で失禁・糞尿をする（制御できない）
・電球を替えられない、テレビが映らない（単なるコンセント抜け）、エアコンのリモコンが反応しない（単なる電池切れ）などの理由で呼び出される
・耳が遠く、大きな音でテレビを視聴するため、他の入居者とトラブルになる
・室内を片づけられず、汚部屋になる
・隣人に金の無心をしたり、被害妄想で近隣や警察に迷惑をかけたりする
・ボヤ程度だが、火事を起こした

・生活スタイルの違いから、隣人と生活音トラブルになる

一昔前までは家族や親戚が対応していたことを、民間の家主や不動産会社が対応しなければならない状況が起こっているのです。彼らができるだけ高齢者に貸したくないと思うのも、仕方のないことだと思ってしまいませんか。

本来なら家主側にとって、高齢者の賃借人はいったん入居すると若い人ほど引っ越しすることが少なく、結果として長期入居してくれる「優良顧客」です。しかし、老化が進むとさまざまなトラブルを引き起こす可能性もありますから、入居審査の判断は簡単ではありません。

若い人もトラブルを起こすことはありますが、家主側の負担が大きい高齢者によるトラブルのほうが数が多いといえます。ところがトラブルの相手が高齢者の場合、法律だけで事務的に解決できないことも多々あります。

たとえば、賃借人が家賃を滞納して、話し合いでは解決できなかったとしましょう。そのときは訴訟手続きで明け渡しの判決をもらい、強制執行という手

続きで滞納した賃借人を強制的に退去させることができます。

ただ、高齢者の場合はスムーズに退去させられないこともあります。執行官が「この高齢者をここから追い出した場合、その後生きていけるのか？」とためらってしまうと、判決は出ていても執行してくれない場合があるからです。

こうなると家主は大変です。家賃を払ってもらえないから仕方なく訴訟を起こし、判決をもらって強制執行を申し立てたのに退去させられない。八方塞がりになってしまいます。


高齢者が賃貸住宅を借りにくいことを象徴する、リアルな実態をひとつ紹介しましょう。司法書士として私が実際に関わったケースです。

●高齢の賃借人が家賃を滞納した事例

83歳になる賃借人の男性が、家賃を滞納しました。滞納額は既に80万円を超えています。部屋は45㎡の2ＤＫ。家賃は月10万7０００円でした。ひとりで住むには、かなり贅沢な部屋です。この家賃帯なら、月々30万円くらいの収入が必要でしょう。そもそも年金額以上の家賃ですから、よほどの資産がない限り払い続けることはできません。滞納が始まったということは、貯金が底をついたということでしょう。

話をするために現地を訪れても、本人はいつも不在。高齢者の場合には、在室していることが多いのですが、この賃借人のおじいちゃんにはなかなか会うことができませんでした。しかも夏の暑いさなかに、電気・ガス・水道も止められていました。生活はかなり追い詰められていたのでしょう。折しも、連日35度を超える酷暑。室内で倒れているのでは？　と心配すらしましたが、当の本人は朝起きたら身支度をして図書館やスーパー、複合施設の中で過ごしていたようです。

滞納の理由は、安い物件に転居するタイミングを逸したからに違いありません。賃借人は72歳まで、タクシー運転手として働いていました。仕事している間は、年金も加算されて、生活はできていたはずです。現役のタイミングなら、安い身の丈に合った部屋への転居はできたでしょう。

裁判で、おじいちゃんは滞納していることは認めたものの「25年以上借りているんだから、自分が最期まで住んだとしても罰は当たらない」などと暴言も吐いていました。しかし、裁判官に一喝されて黙るしかなく、その場で明け渡しの判決が言い渡されました。

こうなると最終的には、強制執行で部屋から退去させられてしまいます。法廷を出た後、おじいちゃんに説明すると「それは困る。助けてほしい」とすがってきます。こうなると私も放っておくことができないので、その足で一緒に役所に行きました。住まいのエリアの高齢福祉課（場所によって担当課の名前は変わります）では、低所得の人たちの住まいも確保されていました。ところが、驚くことにおじいちゃんは「引っ越しは断ります！」と言って役所に行ってから意思を翻したのです。

福祉課も本人が「お願いします」と言えば手を貸してくれますが、本人が拒否してしまうと権限がないために、何もできなくなってしまいます。裁判所で「助けてほしい」とお願いされたから、私もわざわざ役所までおじいちゃんを連れて行ったのに、その場で「引っ越しは断ります！」と言われてしまうと、もうお手上げです。時間の問題で執行になることを伝えても、本人が首を縦に振りません。そのため、身内でない第三者の私も、福祉の人たちも何もできなくなってしまいました。

おじいちゃんが引っ越しを拒んで部屋を明け渡さなかったため、強制執行の手続きは進んでいきました。執行官にも役所側にシェルターが用意されていることを伝えると「困ったじいさんだね。執行はするけど、役所とは連携してね」と言われ、頭を抱える日々が始まりました。

強制執行までの1カ月、私と役所の人が延々とおじいちゃんを説得し、最終的には執行当日の朝、役所の車で身の回りの物だけ持ってシェルターに避難となりました。おじいちゃんも酷暑の中、ホームレスになろうと腹を括ることはさすがにできなかったのでしょう。

それにしてもこの日までの福祉の人や私の努力は、どう評価されるのでしょうか。最初からすんなり動いてくれれば、強制執行の費用は掛からず、私たちの労力も不要でした。すべて高齢が原因だとは言い切れませんが、やるせない思いは残ります。

ようやく部屋は明け渡してはもらえましたが、それからも家主は大変です。執行された部屋の壁が、黒ずんでいました。汚れかなと思っていたら、なんとゴキブリの卵！　部屋の中にはネズミもたくさん、蛆もいっぱい。動いているものもいれば、動かなくなったものもいて、まるで絨毯のように部屋中を覆っています。壁の卵もこれだけびっしりなら、おそらく生きたゴキブリもたくさんいたのでしょう。思い返してみても、おぞましい光景です。ここに人が住んでいた、ということだけでも信じられません。

当然ながら室内は、見事なゴミ屋敷。リフォームに数百万円かかるでしょう。しかも部屋の中から、６柱のご位牌が出てきました。本人は「捨ててくれ」と軽いものです。ところがそのまま執行では処分できないので、供養してくれるお寺に家主側が費用を払って納めるしかありません。

長年住んでくれたとは言え、家主にとってみれば大変な損失です。

「正直、事故物件にならなくて良かったと思うしかありません」

力なくつぶやいた家主は、このエリアの大地主だから何とかなったのかもしれません。これが融資を受けて家主になった人なら、1年分以上の純利益が吹っ飛んだでしょう。

家主や管理会社だけでなく、働いていた時の同僚からも「もっと安い物件に早く引っ越しした方がいい」とアドバイスをもらっていたにもかかわらず、耳を貸さなかったことで、多くの人に迷惑と金銭的負担をかけてしまったおじいちゃん。高齢になると頑固になるのか、善悪がわからなくなるのか、断捨離や連帯保証人が原因なのか、私にはわかりません。

この賃借人のおじいちゃんに限らず、私が出会った明け渡し訴訟の相手方の高齢者は、タイミングを逸して転居できなかった人たちが非常に多いです。

60代でまだ仕事をしていれば、家賃保証会社の加入だけで部屋は借りられます。ところが70歳を超えてしまうと、高齢者に部屋を貸したくない家主側は、滞納の心配というより亡くなった後の手続きをしてくれる身内の連帯保証人を条件とします。身内はいるでしょうが、頼れる関係ではないのでしょう。

高齢になれば、兄弟姉妹も高齢なので連帯保証人になれるほどの経済力がありません。そうなると子どもか甥・姪になりますが、そもそも疎遠で交流がないのが大半です。

そのような背景があるので、身内の連帯保証人を求められてしまうと、この段階でほとんどの人が撃沈。ひとつめのハードルを越えられず、部屋探しは諦めるしかなくなってしまいます。

また高齢になると日々の生活で精一杯で、先のことを考えて行動できないようです。見たくないのか、自分の収入もいつか減るということをなかなか想像しません。その時のために、予め安い物件に引っ越そうとせず、問題を先延ばしにしてしまいます。

さらに今より安く狭い物件に引っ越すためには、当然、荷物も断捨離していかねばなりません。これがふたつめのハードルです。元気そうに見えても、年を取ると荷物の処分を自分ではできません。誰かの手を借りなければ、断捨離や部屋の片づけは難しくなります。

結果、安い物件に引っ越すことができず、トラブルに発展してしまう高齢者は後を絶ちません。

家主側が一度こういったトラブルを経験してしまうと、次から高齢者には貸さないと決めるのは当然の帰結です。結果、高齢者がますます借りられない世の中になっていきます。「貸さない家主が悪い」とは、誰も言えないのです。

代表的な例を見ていただきましたが、私は今も毎週のように裁判所に通い、複数の賃貸トラブルを解決するために走り回っています。すべて紹介することはできませんが、他にもこのような事例があるということを知っていただければと思います。

・高齢者が契約直後から家賃を滞納し、この5カ月間、ただの1円も家賃を払っていない。携帯電話は変更され、連絡がつかず、裁判にも出廷しない。しかし裁判官は、判決によって賃借人の住んでいる家を奪うことになる重さにプ

レッシャーを感じるのか、すんなりと判決を出してくれない

・70代の賃借人が家賃を50万円近く滞納。家主から明け渡し訴訟を起こされた。年金はほとんどないのに、家賃が7万2000円。未だに働いているので（働かざるを得ない）生活は細々と何とかなるものの、家賃まで支払えないとのこと。家賃が生活保護受給の制限内であれば、差額を補助してもらえるが、家賃価格が高かったため何の補助も得られず、本人も動くに動けない状態だった

・明け渡し訴訟の判決が出て執行も終わった80代の賃借人。認知度や介護度を考えるとグループホームや特別養護老人ホームには入居できないため、安い老人ホームを探しているが身元保証人がいない。身元保証人がいないと、この高齢男性が亡くなった後、退所手続き、部屋の片づけと荷物の撤去をしてくれる人がいないため、安い老人ホームにも入居できない

・老朽化の進んだ築60年以上の賃貸住宅を取り壊したいが、80代の賃借人が立ち退き交渉に応じない。滞納額は200万円近くにのぼっており、家主が明け渡し訴訟を起こした。賃借人は目を患っていて、視力がかなり低下している。身元保証人がいなかったが、奇跡的に受け入れてくれる施設が見つかるのを待って強制執行が行われた。部屋はいわゆる「汚部屋」になっていたが、その中から120万円以上の現金が見つかった。メガバンクに2000万円以上の預金があることも判明した。お金は持っていたものの、お金だけが頼りと思い、家賃を払わなかったとのこと。受け入れ先を探すのに苦戦したため、解決までに1年近くを要した

・入居者が特別養護施設に突然引っ越してしまい、夜逃げ状態に。貸主、管理会社に何の連絡もなく、行政が引っ越しさせた。その後、弁護士から一方的に動産放棄の連絡と自己破産の通知が送られてきた。未回収の家賃だけでなく、荷物の撤去費用まで負担することに。それが1年の間に3回あった。いずれも親族からの支援がない方で、連帯保証人も支払いが困難とのことで、

回収不能に陥った。行政にも連絡したが、「仕方がない」と言われた

・高齢者に賃貸物件を貸した。その後、高齢者施設との併用となったが、どこの施設に行っているかがわからない。ケアセンターに連絡したところ、プライバシー保護を理由に教えてもらえず、施設名どころか本人の生死すらわからない状態が続く。ならばと、住民票を取得しようとしても、役所はさまざまな書類を要求してきてなかなか取得させてくれない

このような問題は今、全国各地で頻発しており、最近ようやくメディアで報道されるようになってきました。日本は人口対比で認知症患者が多く、高齢化に伴って認知症になる人はますます増えると予想されています。賃貸住宅に住んでいる人が認知症になるケース、病気が原因で賃貸トラブルになるケースはこれからもっと出てくるでしょう。しばらくは賃貸借契約にまつわる問題は増えることこそあれ、減ることはないと思われます。

図１　人口1000人あたりの認知症患者数

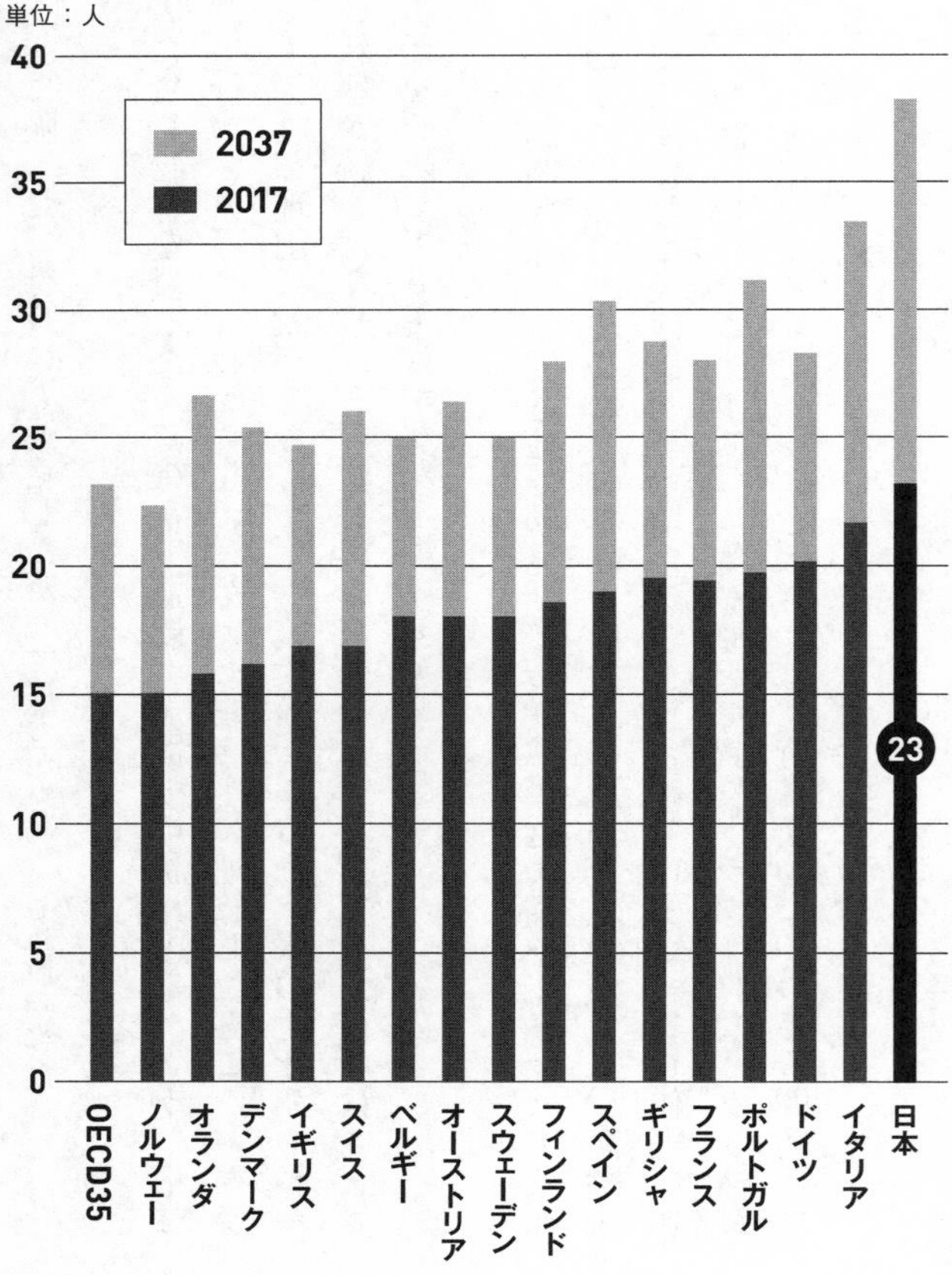

出典：OECD　analysis of data from the World Alzheimer Report 2015 and the United Nations.

図２　国別・年齢階層別に見た認知症有病者率

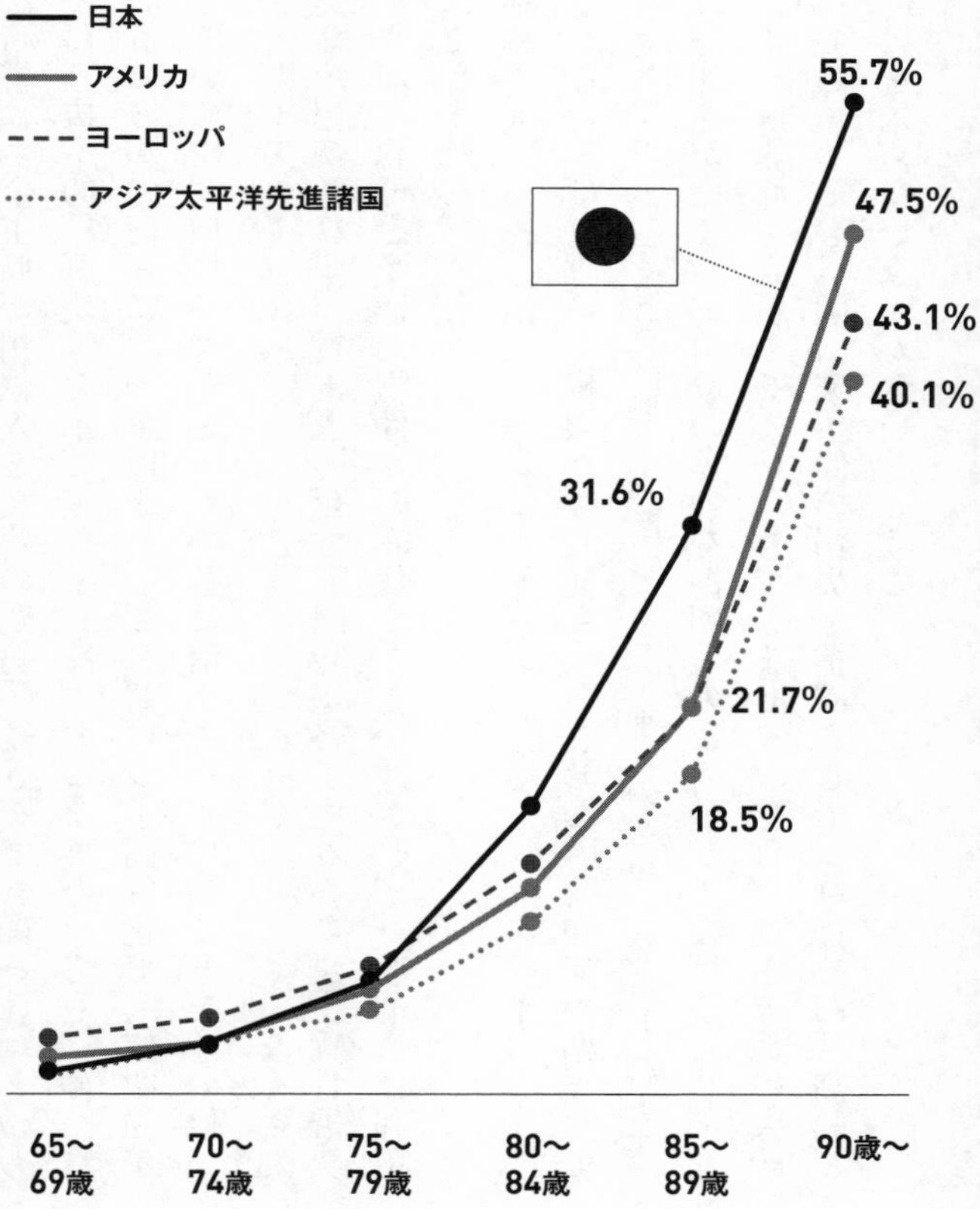

出典：WHO　DEMENTIA（2012）、「認知症高齢者の日常生活自立度」Ⅱ以上の高齢者数について

しかし法務省は「家主側が相続人と契約の解約手続きをとればいい」との考えで、いまだに抜本的な解決策を示していません。どこまでいっても、仲の良い家族がいることが大前提になっています。これだけ少子高齢化で家族関係が希薄になっている中、前提条件がとっくの昔に消え去っていることを国の偉い方々は気付いていないのでしょうか。

賃貸借契約が相続されず、賃借人の死亡と同時に終了する終身建物賃貸借契約もありますが、認可を受けた物件でのみ使うことが許され、一般的には利用することはできません。

また高齢賃借人に何かがあって福祉の人たちがレスキューしようとしても、本人が同意しなければ、誰にも権限はなく何もできません。認知症が始まって「ひとり暮らしは厳しい」と福祉側が判断しても、本人の意思が尊重されます。たとえば認知症が始まって自分の糞便を泥団子のようにして投げまくっても、本人が拒否すれば施設に入所させることもできません。それが理由で他の入居者が退去してしまっても、国は家主側の損失を補塡もしてくれません。高齢者の家族に助けを求めない家主が悪いということでしょうか。

この先も、すべての高齢者が、持ち家を持てるわけではありません。そんな中で、民間の家主だけが大きなリスクを背負ってしまうのはあまりに酷だと言うほかないでしょう。

私も現在、賃貸物件に住んでいます。私が70歳以上の高齢者となる頃には賃貸借契約は相続されず、一代限りで終了することを自由に選択できる社会になっていてほしいと本気で願っています。そうでなければ離れて暮らす子どもに手続きをしてもらうしかないからです。子どもに迷惑をかけたくないと考える方は少なくないのではないでしょうか。国が早期に現場の悲痛な声を聞き、法改正してほしいと思います。

とはいえ、法改正がいつなされるのか、どれくらい時間がかかるかはわかりません。その間にも高齢者は増え続けます。高齢者も住むところがなければ困ります。

その上、現代は「人生100年時代」と言われています。仮に60歳、65歳でリタイアしても、そこから何十年と生きていかなければならないのです。私たちは一体、どのようにして住む家を決めるのが正解なのでしょうか。

人生はまだまだ続く。住むべきは賃貸か、持ち家か

「賃貸か持ち家か」の議論は、さまざまなメディアで取り上げられています。ただ、この議論が成り立つのは、「借りたい」と思ったときにいつでも賃貸住宅を借りられる状態にあることが前提となります。

しかし、ここまで説明してきたように、70歳以上の高齢者になると賃貸住宅を借りる難易度は急激に上がります。

では、持ち家なら大丈夫でしょうか？　残念ながらそうとも限りません。持ち家はローンを完済すれば確かに家賃こそかかりませんが、家の補修費用や固定資産税は必要です。ある程度の築年数になれば、屋根や外壁を補修しなければならないこともあるでしょう。何にいくらぐらいかかるのか具体的にイメージをして、その分のお金を貯めておかなければ、持ち家に住み続けるのも大変です。

想定外の災害が毎年のように全国各地で起こっていますから、自宅が災害に

遭うことも想定しておいたほうがいいでしょう。台風や地震で持ち家が被害を受けた場合、その補修費は保険で全額賄えるのか。そもそも保険に入っていないなら、入ることを検討する必要もあります。

築年数も問題です。自分が平均寿命まで生きるとすれば、その時、持ち家は築何年でしょうか。現実問題として、住み続けられる建物かどうかはそこまでのメンテナンス次第でもあるでしょう。必然的に、それなりの費用がかかることを把握しておくべきです。要は、持ち家だからといって安心はできないということです。考えないといけないことは、持ち家でもいろいろとあります。

２０１９年に「老後２０００万円問題」が話題になりました。人によって、死ぬまでにかかるお金は全然違います。賃貸か持ち家かでも違いますし、住んでいる場所、既婚か独身か、子どもの有無も関係してきます。自分の状況をふまえた上で、老後にどんな暮らしをしたいかを個々人が具体的に考え、それにかかる費用を準備しておかなければなりません。今の40代、50代は現役のうちから「人生１００年」になる可能性を見据えて考えておいたほうがいいでしょう。
資産と負債を書き出すこともしてみましょう。自分の資産をすべて処分した場合、最終的にプラスになるのかマイナスになるのかは知っておかなければなりません。「持ち家があるからいざとなったら売れば大丈夫」と思っていても、考えていた価格で売れるとは限りません。買った値段より高く売れるとは、限らないのです。

頭金を少なくして無理なローンを組んで買ってしまうと、売却しようと思った時に、ローンの残債以上で売れないことも多々あります。金利が低いから借りるのではなく、「頭金はあるけれど金利が安いから借りておこう」くらいの余裕がないと、アクシデントがあったときに立ち行かなくなります。ローン期間中、ずっと同じ収入が得られる保証は、誰にもありません。病気になって働けなくなるかもしれませんし、転職を余儀なくされるかもしれません。家族構成が変わってしまい、世帯収入が減ることだってあり得ることです。

だからこそ家を買うときは、この物件が数十年後にいくらで売れるのか、貸す場合にいくらで貸せるのかまで考えておいたほうがいいでしょう。

また若い頃には何とも思わない『階段』も、高齢者になると苦痛になる日がきます。平屋でない限り「長いこと階段を上がっていない」ことから、２階で雨漏りしていることにも気がつかない、ハクビシンのような野生の動物が住み着いていた、ということもよくあります。

逆に陽当たりのいい２階リビングも、高齢になると住みづらい家になってしまいます。階段を下りていかねばならないことから、出不精になってしまい認知機能の低下につながります。また介護が始まるとリビングにベッドを置くことが多いのですが、１階の方が介護の人が出入りしやすくて便利です。

若い時に好む家が、高齢者に住みやすいとは限らないということです。お洒落なスキップフロアも、高齢者には階段が多くて酷な家になってしまいます。

でも家を買う時に、家族の人数が減ることや自分が高齢になる時のことをイメージできる人はほとんどいないでしょう。そうであるならば、ライフスタイルに合わせて気軽に転居できる賃貸物件も、選択肢としては悪くありません。

持ち家にしろ、賃貸にしろ、当たり前のことかもしれませんが、とにかく経済力をつけることです。35年のローンを組んだとして、仮に何かアクシデントがあったとしても払えるだけのスキルを持っていれば安心です。定年になっても、ある程度の収入が得られる準備をしておくのも必要です。

今や国は『副業』を推奨しています。NISA等を利用すれば、長期にわたって資産を増やせる手段も用意してくれています。国や会社に頼るのではなく、日本人の個々が自立して、自分で自分の人生をしっかりデザインしていかねばならない時代に来ています。

さて、最初の「賃貸か持ち家か」の話にあらためて戻りましょう。無責任に聞こえてしまいますが、やはり、どちらがいいとは一概には言えません。あくまでも住まいのさまざまなトラブル解決に携わってきた私の個人的意見としては、家族構成も含めまだ流動的な間は、ライフスタイルに合わせて賃貸物件に住む。あるいは家賃レベルで買える安価な中古物件を購入して、生活スタイルに合わせて住み替えをしていくのを提案したいです。少なくとも長期スパンで住むことを前提とした高額な物件を、買った額より確実に高く売れる確信が持てないまま目一杯のローンを組んでの購入はお勧めできません。

人生の後半戦、自分の年金額や貯金額、生活スタイルと将来的な収入がはっきり見えたころ、高齢者が住むのに心地よい物件を購入する、建てる、リノベーションをする、早めに借りるというのが良いと考えています。

60代のうちに「終の棲家」のめどをつけよう

60代になると定年を迎えて定期収入がなくなったり減ったり、ローンも組みにくくなり、一気に選択肢が狭まってきます。住むところを見つけるなら、賃貸にしても持ち家にしても収入の安定している60代でどれだけ準備できるかが勝負になります。

物件価格が高騰し続けている東京都で、余裕をもって家を買える人はほんの一握りです。そうなると賃貸を選ぶ人も多くなり、気軽に住み始められることから、今後はますます高齢者の住宅問題が増えてくるでしょう。

ただ高齢者になってからも簡単に部屋を借りられるようになるとは思えない

ので、賃貸物件を検討している人は早めの備えが必要です。

具体的には賃貸に長年住んでいる人も、老後は持ち家を売って賃貸に移ろうと考えている人も、60代後半までには自分の荷物や財産を整理して、これくらいの賃貸なら100歳まで生きても払い続けられると思える「終の棲家」を見つけ、早めに引っ越しておくことが大事です。

60代のうちであれば、年齢だけを理由に入居を断られることはまだないでしょう。家賃保証会社の加入で、身内の連帯保証人まで求められることも少ないはずです。そうして一度入居しておけば、トラブルを起こさない限り、住み続けることができます。持ち家と違って、備品が故障した場合には家主側が修繕してくれる点も安心です。

終の棲家を探すときに、ひとつ注意してほしいことがあります。それは引っ越し先が10年、20年で取り壊しや建て替えにならないか、という点です。最後に住む家は、自分の寿命より長持ちしそうな物件を選ぶようにしてください。

住むエリアで『家』にかかる費用も大きく変わるので、自分のセカンドライフプランは早めから意識しているほうが良いでしょう。

現役時代は仕事が中心なのでアクセス重視ですが、毎日通勤しないのであればスーパーや病院など生活の利便性が重要になってきます。故郷や昔転勤で住んでいた場所、学生時代を過ごした地、旅行で気に入った地など、楽しみながら終の棲家のためのエリア探しをしてみませんか。試し住みも、賃貸物件なら気軽です。子どもの校区なんて考えなくてよくなった世代ですから、ぜひご自身の『好き』を探してみてください。郊外なら地価も下がるでしょうから、高齢者に快適な平屋を建てやすくなるでしょう。

「おひとりさま」なら、頼れる身内が近くに住んでいる物件を選んだり、身元保証や高齢者サポート等をしてくれる存在の確保をしたりすることも検討しましょう。自分が認知症になったり、病気になったりしても、すぐに来て対応してくれる存在がいるとなれば、家主側も安心して貸すことができますし、自分自身も心強いはずです。

見守りサービスを利用すれば、万が一のときもすぐに見つけてもらえるので事故物件にもなりません。今はそのような事業者もたくさんできているので、若いうちからサービスの内容を確認しておくことが重要です。サポート費用はかかりますが、人に動いてもらう以上仕方がありません。費用を払って、安心を買う時代に入った（家族を頼らない）と割り切りましょう。経済力や任意後見手続き、見守り等で、家主側の不安をカバーできます。そこまで備えておけば、貸さない人はいないはずです。

また「UR賃貸住宅」は平均月収額が月々の家賃額の4倍以上あれば（家賃額6万2500円未満の場合）、年齢は問題になりませんし、保証人も不要で借りられます。礼金、仲介手数料も不要で、契約は自動更新、更新料もなしに住み続けることができます。月収がなくても貯金が月々の家賃額の100倍あるか、家賃を1年分前払いするかのいずれかの条件を満たせば入居できます。

このように賃貸であっても持ち家であっても、お金さえあれば何とかなることばかりです。誰しもが、必ず老いて死にます。生きる基盤である『住』をどうするかを考えることは、『生きる』ことを考えることでもあります。

少子高齢化の社会では、とにもかくにもお金を貯めて若いうちから備えておくことが大切です。

第5章

100歳までボケない「不老脳」をつくるダンドリ

霜田里絵

長生きが不可避となった時代に老化した脳を持ったまま、30年、40年と生き続けるのは大変です。

人とのコミュニケーションもお金の管理も、若々しい脳がなければ難しくなります。

ただ幸いなことに、ちょっとした努力をしさえすれば脳は何歳であっても若返ることが研究成果から明らかになっています。

脳が若返る生活習慣とトレーニングをさっそく実践しましょう。

――著者プロフィール――

しもだ・さとえ／医師・医学博士。銀座内科・神経内科クリニック院長。順天堂大学医学部を卒業後、同大学病院の脳神経内科医局を経て、都内の病院勤務。２００５年から、銀座内科・神経内科クリニック院長を務めるとともに、２０１１年には医療法人社団ブレイン・ヘルスを設立し、理事長に就任。パーキンソン病、認知症、脳血管障害、頭痛、めまい、しびれなどが専門。日本神経学会専門医、アメリカ抗加齢医学会認定専門医。著書に『一流の画家はなぜ長寿なのか』（サンマーク出版）、『絶対ボケない頭をつくる！』（学研パブリッシング）、『１００歳まで絶対ボケない「不老脳」をつくる！』（マキノ出版）、『脳の専門医が教える 40代から上り調子になる人の77の習慣』（文藝春秋）などがある。

「脳」も「体形」もあきらめたら終わり

20代、30代のうちはいくら食べてもそんなに太らなかったのに、40代になるとある程度の努力をしないと以前のような体形を保てない――。そんな経験は誰しもあるのではないでしょうか。

一度体形が崩れてしまうと、元に戻すのは大変です。たとえば、太ってしまったら膝が痛くなり、歩くのがつらいので外出が億劫になり、ますます太る。あるいは転んで骨折して入院してしまう。そんな負の連鎖まで引き起こす恐れがあります。

脳も同じです。老化するにまかせていると、どんどん記憶力が落ちたり、判断力が低下したり、思考が狭まっていったりします。人とコミュニケーションが取りにくくなり、お金の管理もできなくなる……。そうなったら大変です。「歳だから仕方がない」とあきらめたら、脳はみるみるうちに衰えていきます。体形と同じで、あきらめず、脳を元気にする努力をしなければなりません。

なぜなら、現代は「人生100年時代」だからです。

昔は定年を迎えて60代、70代といえば立派なおじいちゃん、おばあちゃんでした。「老いては子に従え」なんていう言葉もあるように、少々判断力が鈍っても、それを本人も周りも許容して、誰かが手助けするような雰囲気がありました。100歳まで長生きする人はごくまれでしたから、少々脳が老化していても本人も周りもそれほど困ることは多くなかったと思われます。

しかし、今はどうでしょうか。「人生100年時代」と言われ、60歳の定年から30年、40年と生きていくのが避けられなくなっています。人によっては100歳以上まで生きる可能性があります。

長生きは喜ばしいことです。ただ、老化した脳を抱えて何十年も生きるとなると、本人も周りの方もかなり大変な思いをする可能性があります。医療費や介護費がかかるだけでなく、生活の質が下がってしまいます。

長生きの可能性が高まっているなら、やはり脳はできるだけ長い期間、元気であるに越したことはありません。そのためには、体形と同じように脳にも気を配り、メンテナンスをし続けることが重要です。

私は、脳を専門に診る医師として、月に800～900人、年間約1万人の脳と向き合っています。そうした診療経験と脳に関する専門知識から、次のような性格や生活環境を持つ人は脳が老化しやすく、認知症になりやすいのではないかと考えています。

〈認知症になりやすい人の習慣〉
・周りに面倒見のよい人が多く、身の回りのことを何でもしてもらえる
・自己完結した世界で暮らしている
・知的作業をほとんどせずに長年過ごしている

新しいことにチャレンジしたがらず、新しい交友関係を持とうとせず、単調な生活を送っている人は注意が必要です。毎日するべきことが決まっている健康的な「規則正しい生活」の人は問題ありません。ただ、すべてのことを自分ひとりの考えや気持ちだけで完結させてしまい、少しの変化も好まないことが大きなリスクになります。

たとえば、友人から新しい習い事に誘われてもまったく受けつけない人、毎

日の食事が億劫になって2、3パターンのメニューをひたすらくり返している人は脳が老化しやすいため、注意が必要です。

「うつ病」にかかったことがある人も要注意です。うつ病を経験している人は認知症のリスクが高いと言われているからです。うつ病までいかずとも、最近元気がない、常に気分が沈みがち、あらゆることをネガティブに考えてしまう、何をするにもワクワクしない、という人は脳が老化しやすくなっています。

念のため、次ページに認知症の早期発見チェックリストをつけておきます。40代、50代の人でこのリストにチェックが入る人はあまりいないかもしれません。しかし、自分や家族に思い当たることがあれば、すぐに医師に診てもらったほうがいいです。かかりつけの医師や物忘れ外来に早めに相談しましょう。

脳は何歳からでも若返ることができる

ただ、安心してください。脳はメンテナンスさえすれば若返ることができます。しかも年齢は関係ありません。何歳からでも若返ることができるのです。

図１　認知症の早期発見チェックリスト

いくつか思い当たる場合は、認知症の可能性があります。

もの忘れがひどい

- □ 今切ったばかりなのに、電話の相手の名前を忘れる
- □ 同じことを何度も言う・問う・する
- □ しまい忘れ・置き忘れが増え、いつも探し物をしている
- □ 財布・通帳・衣類などを盗まれたと人を疑う

判断・理解力が衰える

- □ 料理・片付け・計算・運転などのミスが多くなった
- □ 新しいことが覚えられない
- □ 話のつじつまが合わない
- □ テレビ番組の内容が理解できなくなった

場所・時間がわからない

- □ 約束の日時や場所を間違えるようになった
- □ 慣れた道でも迷うことがある

人柄が変わる

- □ 些細なことで怒りっぽくなった
- □ 周りへの気づかいがなくなり、頑固になった
- □ 自分の失敗を人のせいにする
- □「このごろ様子がおかしい」と周囲から言われた

不安感が強い

- □ １人になると怖がったり、寂しがったりする
- □ 外出時、持ち物を何度も確かめる
- □「頭が変になった」と本人が訴える

意欲がなくなる

- □ 下着を替えず、身だしなみをかまわなくなった
- □ 趣味や好きなテレビ番組に興味を示さなくなった
- □ ふさぎ込んで何をするのもおっくうがり、いやがる

公益社団法人「認知症の人と家族の会」作成

１９８０年代までは、成人の脳細胞は減っていく一方で増えることはないというのが定説でした。

ところが１９９８年、スウェーデンの研究者らが「海馬をはじめとした脳のいくつかの部位では、新たに細胞が生まれ続けている」という研究成果を発表しました。海馬とは、記憶の中枢として新たな知識・体験・刺激などを受け入れている部位です。新たに生まれた神経細胞はその神経回路に組み込まれて機能しているというのです。

新生した神経細胞はメンテナンスしなければ減ってしまいます。しかし、新しいことを学び続けることで神経回路は複雑化し、神経細胞の数は増えます。新しい刺激を与え続け、脳をメンテナンスすれば、海馬など特定の部位の神経細胞は何歳になっても増え続ける。それがひいては「不老脳」をつくるのです。

私は、脳に関連したさまざまな不調や疾患を診る毎日の中で、脳は刺激すればするほど成長し続けることを実感しています。新しいことにチャレンジしたり、脳に刺激を与えたりする生活習慣を持っている人ほど、80代、90代になっても自分らしくいきいきと過ごしているのです。

その実例を1つ紹介しましょう。私の父です。

父は70歳のとき、妻（私の母）の死をきっかけに「認知症予備軍」になりました。現役時代は経営者として活躍し、頭脳明晰でダンディな父でしたが、妻が亡くなってからは塞ぎ込んで自宅でぼんやりと過ごすことが多くなってしまいました。

そこで私は父の生活改善に乗り出しました。1日30分の散歩をしてもらい、毎朝、電話でどのルートを歩いたのか、時間はどれくらいかかったかを話してもらうようにしました。脳を刺激するため、いつもと逆のルートを通ることもすすめました。

父を積極的に頼り、役割を担ってもらうことも意識しました。私のクリニックの人事問題や資金繰りについて相談したところ、元経営者の血が騒いだのか、いきいきとして的確なアドバイスをしてくれるようになりました。私の子どもたちの勉強法や進路について相談したこともあります。娘や孫の問題解決を助けるという生きがいを見出してからは、父の表情は豊かになり、話す内容もポジティブに変化していったのです。

自身に病気が見つかった時も積極的治療を選んで完治させました。

私の飼い犬の世話まで率先してやるようになりました。犬の散歩で外出することが増え、人との交流も増えるようになったのです。

父は今、92歳になりました。すっかり元気を取り戻し、自宅で元気に一人暮らしをしています。脳はいくつになっても若返る。そのことを父は教えてくれました。

もう一つ、勇気づけられる実例を紹介します。高齢になり、脳が老化していてもアルツハイマー型認知症を発症しなかった修道女たちの研究です。

1986年、678人の修道女たちが協力するアルツハイマー型認知症の研究「ナン・スタディ」が始まりました。この研究で、修道女たちの死後に脳を解剖したところ、アルツハイマーに特有の病理学的所見が見られたにもかかわらず、認知症を発症することなく、亡くなるまで修道女の役割を果たしてきたことがわかりました。修道女は毎日規則正しく、自分の役割を見出しながら働き続けている人たちです。自分のするべきことがあり、自分にしか果たせない役割があることが脳の機能を維持するのにどれほど大事かということをナン・スタディの結果は私たちに教えてくれているように思います。

つまり、日常生活の中に新しい刺激があれば、何歳になっても脳を若返らせることはできるのです。

そこでおすすめしたいのは、脳に刺激を与えるような生活習慣を心がけ、余裕があればちょっとしたトレーニングをすること。中でも、手や指を動かすことは脳に刺激を与える方法として有効です。

カナダの脳神経外科医であるワイルダー・ペンフィールドは、私たちの脳の中にはグロテスクな小人「ホムンクルス」が住んでいると言っていました。

ホムンクルスは、古代ヨーロッパの錬金術でつくられる小人のことです。ペンフィールドはてんかん患者のてんかんを軽くする脳の手術を行う際、人の大脳皮質を電気で刺激し、運動機能に関わる部位や感覚に関する体の部位との対比関係をまとめました。それを図示したのがホムンクルスの図（図2）です。

この図はｆＭＲＩ（磁気共鳴機能画像法）を用いた研究の結果、２０２２年に新しくなりました。次ページの図２はその最新版です。

その体の各部分の大きさは、大脳皮質運動野の担当領域の面積に対応するように描かれています。手の領域がとても大きいことがわかるでしょう。これはつまり、手指の感覚に関わる脳の領域が広いことを表しています。毎日手指を動かしていれば、こんなにも脳の広範囲を刺激することができるのです。

手指だけでなく、体を動かすことも脳のメンテナンスに効果的です。

生物学者のベルンド・ハインリッチは、私たちの体を支配している遺伝子は約10万年以上前に進化したものであり、当時の人類は食料を得るために絶えず動き回っていただけでなく、かなり足の速い生き物を狩りによって捕らえていた、と指摘しています。

身体活動なしに食料を得ることができるようになったのは人類の長い歴史の中でもごく最近のことで、私たちの遺伝子は盛んな身体活動を欲しているので

図２　ホムンクルスの図

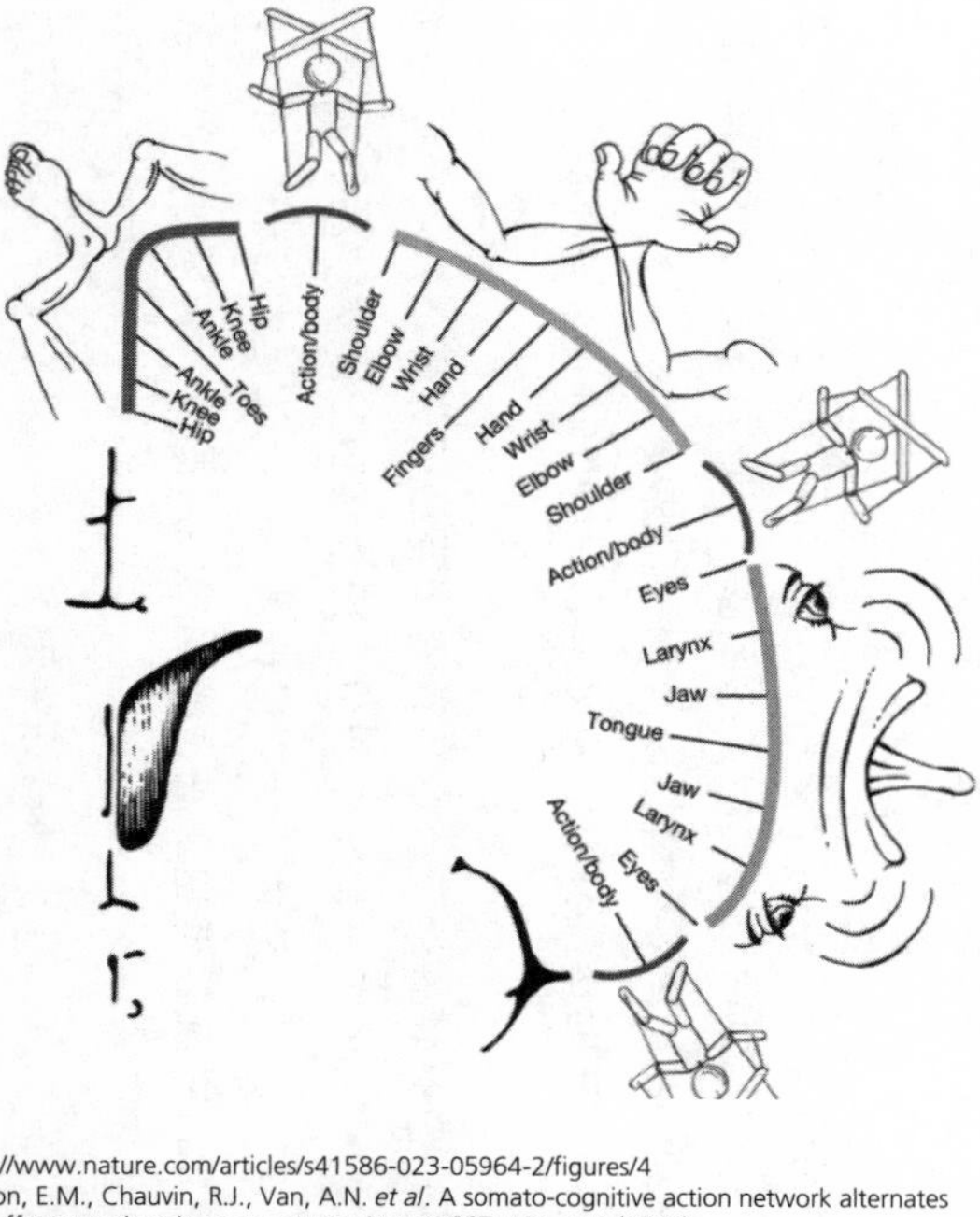

https://www.nature.com/articles/s41586-023-05964-2/figures/4
Gordon, E.M., Chauvin, R.J., Van, A.N. *et al*. A somato-cognitive action network alternates with effector regions in motor cortex. *Nature* **617**, 351–359 (2023).

はないか、ともハインリッチは言っています。

このハインリッチの指摘をふまえると、身体活動が少なければ、私たちの脳や体になんらかの不調を来たす恐れがあると考えられるのです。

カリフォルニア大学アーヴァイン校の神経学者、カール・コットマンは、運動と認知機能が生物学的に結びついているという研究成果を発表しています。

脳の中のニューロン（脳の神経細胞）を育てる脳由来神経栄養因子（BDNF）は、海馬に多く存在することがわかっています。シャーレに入れたニューロンにBDNFを振りかけると、ニューロンは新しい枝を伸ばし成長させます。またBDNFは細胞の死というプロセスからニューロンを守ることもわかっています。コットマンはラットを使った研究で、走らせたラットの脳でBDNFが増えることを明らかにしています。

つまり運動も脳の細胞を増やし、脳のメンテナンスをするのに役立つのです。

脳の不調を訴える中高年が増えている⁉

ここ数年、私のクリニックに脳の不調を訴えて訪れる働き盛りの40代、50代が増えています。「物忘れがひどくなった」「集中力が落ちている」「仕事や家事でミスすることが増えた」とおっしゃり、認知症が始まったのではないかと心配されています。

彼ら・彼女らの訴える症状は、私のような脳の専門医から見れば認知症の初期症状ではないことは一目瞭然です。ところが検査の結果をお示ししても、みなさん一様に浮かない顔をされます。若いころに比べると明らかに脳が衰えているという実感が自分自身にあるからでしょう。

ただ、こうした方たちに生活習慣についてのヒアリングをすると共通点があることに気づきます。睡眠時間が短すぎる、栄養バランスが偏っている、急激あるいは慢性的なストレスにさらされているといった問題を抱えているのです。

脳の器質的（病的）障害と思っていたものは、生活習慣の乱れが原因の機能的（働きが悪くなる）障害だったのです。

「認知症の始まりかも」と心配される中高年の方々の多くは、寝不足や栄養不足、ストレスによって頭の中の情報が海馬できちんと処理されず、記憶をつくる作業が十分になされていないため、物忘れが生じてしまっている状態にあります。みなさん、疲れた顔で、おしゃれや身だしなみに気を遣う余裕がなく、何となく実年齢より老けて見える方も少なくありません。認知症ではありませんが、脳が相当に疲れて衰えている状態といっていいでしょう。何もせずに放っておいたら脳機能はどんどん低下し、将来の認知症を引き起こす原因にならないともいえません。

一生ボケない！　脳を若返らせる5つの生活習慣

そのため私は、こうした患者さんには脳の機能を回復させるための生活習慣の改善やちょっとしたトレーニングをおすすめしています。

認知症の兆しは40代、50代にある、という説があります。脳の衰えを実感したのなら、そこから脳のメンテナンスを始めるのがいいでしょう。認知症対策にもなります。

認知症は、食事、運動、睡眠などの生活習慣を見直すだけである程度の予防をすることが可能です。脳血管性認知症を起こさないためには脳血管障害を防ぐのが一番。そのためには動脈硬化につながる高血圧や糖尿病などの生活習慣病にならないように気をつけることが必要です。アルツハイマー型認知症にも、生活習慣病の予防が効果的であることがわかっています。

生活習慣病を予防しつつ、日常生活を送りながら脳を活性化する工夫もしていきましょう。ここからは私が患者さんにおすすめしている、脳を若返らせる生活習慣5カ条を紹介します。

①バランスのよい食事をよく噛んで食べよう

「これを食べれば認知症を防げる」というものはなく、逆に「これを食べたらダメ」というものもありません。野菜、肉、魚などをバランスよく食べることを心がけましょう。栄養面からバランスを取ろうとすると難しく感じるかもしれませんが、食事の「彩り」に気を配れば、おのずとバランスのよい食事になり、抗酸化物質を含んだ食べ物も摂れるようになります。茶色や白色のものだけでなく、緑、黄色、赤などの食材が適度に入る食事を摂りましょう。

食事のときの「噛む」行為にも意識的になりましょう。私たちは普段、食事のときの噛む行為を何気なくやっています。しかし、噛むことは認知症防止にとってじつは非常に重要です。

筋肉の運動によって脳に送られる情報の中でも、あごから送られる情報量はかなり多いとされています。よく咀嚼すると、大脳・小脳ともに血流が8～20％上昇します。血流が増えると脳に栄養や酸素が行き渡ります。その結果、神経回路の増加が促されたり、細胞の働きを活性化したりする効果が得られます。

よく咀嚼した約2時間後には、脳内ではFGF（線維芽細胞増殖因子）と呼ばれる成長因子の量がピークを迎え、記憶力や集中力が高まり、学習効果も高まります。

噛む回数の目安は、一口20～30回です。普段の食事をよく噛んで食べるのはもちろん、毎日のメニューによく噛まなければいけない食材を取り入れることをおすすめします。イカやタコ、根菜、キノコ類、切り干し大根などの乾物は噛みごたえのある食材です。おやつとして、ガムを噛むのもいいでしょう。65歳以上の1000人を対象に行われた記憶力テストで、ガムを2分間噛んで答えたときの正答率は噛まないで答えたときの正答率より約15％以上高かったという結果が出ています。

②1日8000歩のウォーキングをしよう

今日からでも始められるトレーニングが「ウォーキング」です。毎日でなくて構いません。週に3、4回、「1日8000歩以上」を目標として歩いてみましょう。歩いているうちに少しずつ汗ばむくらいの速さで、だらだら歩きではなく、少し速めを意識してください。

歩くときは左右の腕を振りながら、かかとから着地してリズムよく歩きます。腕は大げさなくらい振ると歩幅が自然と広がり、速度が上がります。前方よりも、やや後方に腕を振るイメージで歩くと姿勢よく歩けます。

ウォーキングのような有酸素運動をすると、幸福感、情緒、心の安定などに関わる神経伝達物質「セロトニン」の分泌量が増えることがわかっています。

リズミカルな動きもセロトニンの分泌を促しますから、歩くのが楽しくなります。

飽きずに続けるために、歩数計やスマートフォン、スマートウォッチを使って歩数を記録しましょう。毎日の歩数をアプリに記録するか、ノートに書き写して残しておきます。記録をつけていると「今日はこれだけ歩いた」という達成感や満足感が生まれるからです。達成感や満足感は脳に報酬物質を与え、快楽を感じさせてくれます。記録をつけているほうが続けやすくなります。

天候不良の日や真夏日のような酷暑の日にまで無理をして歩くことはありません。テレビの前で15分以上、大きな足踏みをしましょう。都市部にお住まいの方なら暑い日などは地下街やデパートの中を空いている時間帯に歩くのもいいでしょう。

歩くことが習慣化したら、いかに楽しく、脳を刺激するかを考えてみましょう。毎回同じ道を歩いているのだとしたら、ちょっとルートを変えてみてもいいでしょう。同じ道ばかり歩いていると注意力を働かせる必要がなくなり、脳への刺激も少なくなってしまいます。いつものルートを逆回りしてみるだけで、脳には普段と異なるさまざまな刺激が入ってきます。ぜひ試してみてください。

歩く速度も変えてみましょう。普段の速さを基準として「ゆっくり」と「速く」を含めた3パターンの速さをつくってみてください。ウォーキングマシンを使った実験では、歩く速さを時速3km、5km、それ以上と変化させると、脳の中で働く部分が変わるという報告があります。

歩く速度は、腕を振る速さでコントロールできます。普段のウォーキングの中で「普段の速さ」「速く」を多めにして、「ゆっくり」は少なめで歩いてみてください。筋力や心肺機能を高めることができます。

ウォーキング中の「定点観測」も脳に刺激を与える効果があります。歩数を記録するアプリもあるおかげで、今は多くの方がスマートフォンを携帯してウォーキングをしていると思います。四季の変化で木々の葉の色や日差しの角度はまったく違います。雲の形も刻一刻と変わっていくでしょう。気になる風景、いつもと違う風景を見つけたらカメラを向けてみてください。変化に敏感になる感性も脳に刺激を与えてくれますし、ウォーキングがますます楽しいものになります。

③夜の睡眠時間を最低6時間以上とろう

睡眠は心身を休ませるためだけのものではありません。脳を休ませると同時に、記憶を定着させる働きもあります。生活習慣病の予防にも役立ちます。

睡眠に問題がある人はそうでない人に比べて認知症全体の発症リスクが2・4倍、アルツハイマー型認知症の発症リスクは2・92倍になるという論文があります。また、アルツハイマー型認知症の原因の一つであるアミロイドβタンパクは深い眠りに入ったときに除去されるという研究結果もよく知られています。それだけ睡眠は認知症予防に大きな役割を果たしているのです。

仕事や家のことで忙しい時期はあるかもしれません。それでも睡眠時間だけは脳のためにしっかり確保することをぜひ習慣づけてください。時間の目安は最低6時間以上。昼寝はしなくても大丈夫です。日付が変わる前にベッドに入り、6時間以上寝るようにしましょう。

年齢を重ねるとともに夜中に目が覚めたり、トイレに起きたりする方もいると思います。しかし、それは当然のこと。睡眠が細切れになることを過剰に気にする必要はありません。またベッドに戻って寝ればいいと割り切りましょう。

④小さな楽しみをたくさん持とう

脳が老化してくると思考の幅が狭くなり、新しいことにチャレンジするのが億劫になります。大勢の人との交流を好まなくなったり、常識や経験に頼り過ぎて若い世代の意見を聞かなくなり、思考がワンパターンになったり……。こういう人は認知症になりやすくなります。

脳を活性化させるために、好きなこと、好奇心を持ち続けられることをできるだけたくさん見つけましょう。それを起点に人間関係も自然と広がります。新しい経験や知識は脳に刺激を与え、活性化を促してくれます。

たとえば趣味が「旅行」だけだと、体調が悪かったり、コロナ禍のようなことが起こったりするとまったくできなくなる恐れがあります。「趣味」というほどのものでなくていい、些細なことで構わないので小さな楽しみをたくさん持つようにしてください。

好きなことを見つけるときにおすすめなのが、昔好きだったことや興味のあったことから掘り起こすことです。子どものころに昆虫採集が好きだった方は、昆虫の本を読んでみたり、昆虫をテーマにブログを書いたりしてみてはどうでしょう。若いころに人気だったアイドルに熱中していた人は、新たなアイドルを見つけて「推し活」をしてみてもいいかもしれません。楽器をしていた人は、それを再開してもいいでしょう。

シニアになってからまったく新しいことにチャレンジする方もいます。それはとても素晴らしいことですが、長続きする人は残念ながらそれほど多くないようです。高い目標を掲げてうまくできずに挫折感を味わうより、若いころに好きだったことを再度やってみるところから始めることをおすすめします。

自分の中に何もしたいことがないという方は、ボランティア活動をしてみてはどうでしょうか。若い方から年配の方までさまざまな世代が集まって人のためになる活動をいっしょにすることで充実感を味わえます。ボランティア団体は地域に必ずといっていいほどありますから、調べてみましょう。

⑤回想時間で脳の疲労を回復させよう

スマホやパソコン、テレビが常に身近にあると、ついインプットばかりしてしまい、脳が疲れてしまいます。体が疲れたら休息を取るのと同じように、脳も疲れを取ることが大事です。できれば1日の中でスマホやパソコン、テレビからあえて離れる時間をつくりましょう。

目を閉じて無心になり、心を自分に集中させる瞑想ができればいいですが、瞑想は誰でもできるものではありません。スマホやパソコン、テレビから離れて、ひたすらボーッとするだけでもかなり脳の疲れを取ることができます。

私は毎朝、仕事前にお気に入りのカフェで落ち着ける時間を20～30分ほど持つようにしています。携帯電話や手帳には手を伸ばさず、お店の壁や天井を眺めながらボーッとしているだけの時間です。こういう時間をきちんと取れた日は、仕事に向かう意識や集中力がとても高まります。脳が元気になりパフォーマンスが上がったのでしょう。

脳の疲れを取る時間に、成功したことや幸せだったこと、楽しかったことをくり返し回想してみることもおすすめします。そうして疑似体験をすると、幸福感をもたらすセロトニン、ワクワク感や達成感を覚えるドーパミンといったホルモンが分泌され、脳を気持ち良くすることができるからです。回想法は認知症の改善や予防によいという報告も複数あります。

今日からすぐできる！　不老脳をつくるトレーニング

前項の生活習慣5カ条が身についたでしょうか？　余裕があれば不老脳をつくるトレーニングにもチャレンジしてみてください。特別な道具は必要ないため、今日からでもできるようなものがほとんどです。100歳まで自分の脳とつきあっていくために、体形だけでなく脳のメンテナンスも心がけましょう。

●「太もも上げ」運動で大きい筋肉を鍛えよう

長くウォーキングを続けるために大きな筋肉を鍛えることにもぜひトライしてみてください。

まず、右足の太ももが床と平行になる高さまで上げます。最初はふらつくかもしれませんが、そのときは転倒しないよう、必ずどこかにつかまった状態でやってみてください。

次に、足を上げた状態で10秒間、そのままの姿勢を保ちます。10秒経ったら足を床に下ろします。

この「太もも上げ」運動を右足20回、左足20回、毎日朝と夜にしてみましょう。この運動では、姿勢や歩き方に重要な役割を果たす「腸腰筋」を鍛えることができます。腸腰筋は「大腰筋」と「腸骨筋」を合わせた呼び名です。大腰筋は背骨と大腿骨をつなぐ筋肉、腸骨筋は骨盤と大腿骨をつなぐ筋肉で、大きな筋肉です。

腸腰筋が衰えると骨盤が傾くため、よい姿勢を保つことができず、猫背になります。速く歩くのが難しくなったり、つまずきやすくなったりして、歩くのが億劫になります。腸腰筋を鍛えておくとウォーキングの距離を延ばしたり、スピードアップしたりすることができます。それが脳のトレーニングにもつながります。筋肉から成長ホルモンのマイオカインが出ることも期待できます。

「太もも上げ」運動に慣れてきたら、可能な人は次の動きも取り入れてみましょう。片足を上げているときに、もう一方の軸足でつま先立ちするのです。ただ

図3　太もも上げ運動で腸腰筋を鍛えよう

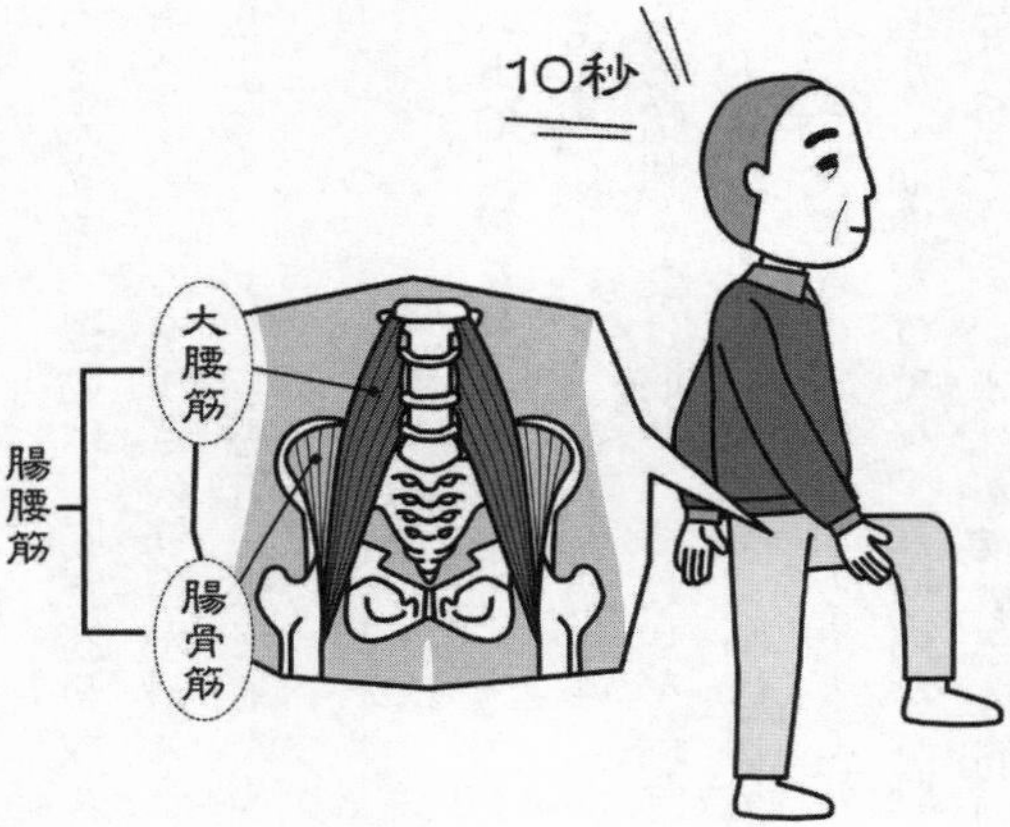

し、くれぐれも無理はしないでください。ふらつきそうなら、どこかにつかまって行ってみましょう。

「太もも上げ」運動＋「つま先立ち」運動は、腸腰筋を鍛えつつ、ふくらはぎの筋肉を鍛えることができます。ふくらはぎの筋肉が鍛えられると、一層リズミカルに歩けるようになります。バランス感覚を鍛えるためのトレーニングとしても効果があります。

●背筋を伸ばしてナルシスト的に鏡を見よう

毎日の「背筋伸ばし」も不老脳をつくるのに役立ちます。脳は視覚、聴覚、触覚などを通して外部からの情報を受け取り、それらを総合的に判断して筋肉に指令を送り、全身のコントロールをしています。脳は司令塔として、指令の実行役である筋肉と連携し、たくさんの情報をやりとりしているのです。

この情報のやりとりは脳から筋肉だけでなく、筋肉から脳に向けても行われています。背筋をスッと伸ばすことで、腰部を構成する筋肉群が刺激を受け、脳にいい影響を与えるのです。

姿勢は、認知症の予防においても重要です。70代以上であっても、背筋が伸びて姿勢のよい方は、その後の長い期間、認知症の心配が少ない印象です。私の担当する100歳の患者さん（女性）は、毎日、背中の下に枕を入れて背筋を伸ばしたり、食事のときに横に鏡を置いて自分の姿勢を確認したりしています。100歳ですから少々の不調はありますが、認知症はなくとてもお元気です。

人間は背筋を伸ばすより、丸めているほうがずっと楽にできています。意識しないとすぐに体が丸まってしまい、猫背になりがちです。日常生活ではどんなときも背筋をすっと伸ばし、よい姿勢を保つことを心がけましょう。人と話しているとき、食事のとき、テレビを見ているとき、机に向かっているとき、本を読んでリラックスしているとき――。ナルシストと思われても気にする必要はありません。鏡を置いて確認するくらいでちょうどいいのです。

背筋を伸ばすのは、私たちが思う以上に筋力が要ります。下腹部や椅子に面している骨盤底部の部分に力を入れることを意識すると、さらにいい筋力トレーニングになります。余力のある人は次のトレーニングもしてみましょう。

壁に向かって立ち、両手を上げて壁につけ、背筋を伸ばしてみてください。この状態を10～15秒保ちます。背中と腰の力を緩め、再度スッと背筋を伸ばしてみてください。これを朝・昼・夜と5～10回ずつ行います。

●1日に赤ワインをグラス1、2杯飲もう

欧米では、食事で動物性脂肪（飽和脂肪酸）をたくさん摂取する傾向があります。その結果、コレステロールが増え、血管の動脈硬化が起こりやすくなり、心筋梗塞による死亡率が高まります。

ところがフランスでは、血管障害による死亡率が他の国々より断然低いのです。その理由として赤ワインの消費量が多いからと言われています。

ワインには、脳の神経細胞に蓄積したアルツハイマー型認知症を引き起こすアミロイドβタンパクの凝集を抑制するポリフェノールがたくさん含まれています。実際、ワインを飲むとアルツハイマー型認知症が0・49倍にほぼ半減するという驚くべき報告まであるのです。

ワインに血管の動脈硬化を遠ざける効果があるということは、脳血管性認知

図４　背筋伸ばしで筋肉と脳を刺激しよう

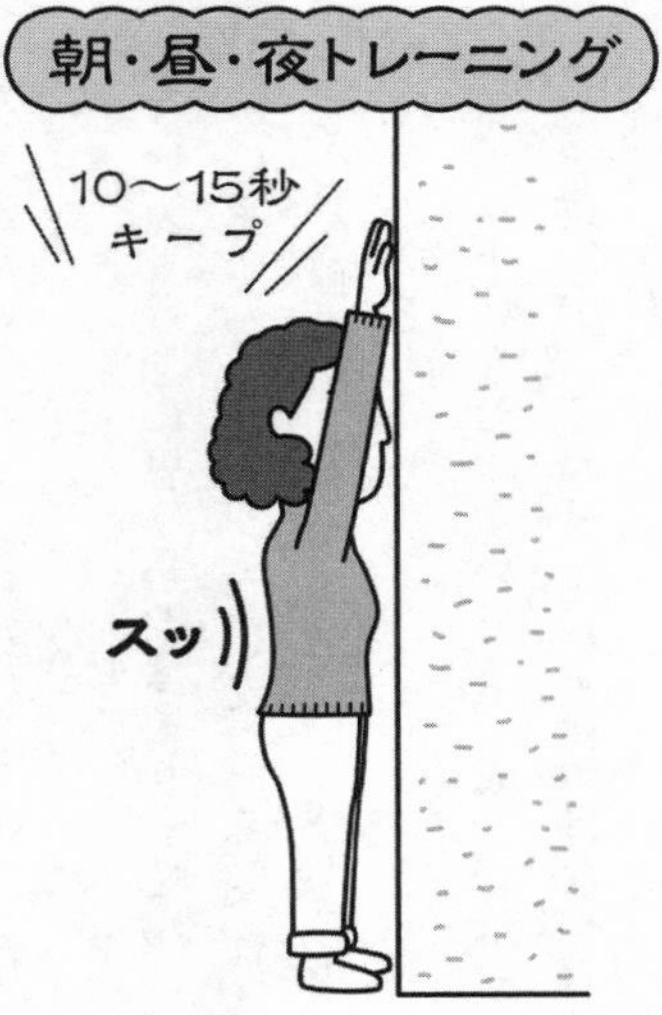

症のリスクを下げることも意味しています。また、ワインには記憶に関係する海馬を活性化する効果もあります。ポリフェノールは白ワインより赤ワインに多く含まれています。ポリフェノールがたくさん含まれるぶどうの皮ごと発酵処理するためです。お酒を飲みたいなら、1日にグラス1、2杯の赤ワインにしましょう。

アルコール飲料を飲めない方も残念に思う必要はありません。ポリフェノールはぶどうの皮に含まれていますから、ぶどうを皮ごと食べればいいのです。近年は皮ごとたべるぶどうの品種もあります。「ナガノパープル」は皮ごと食べやすく、ポリフェノールが豊富です。

ぶどうジュースやカシスジュースもおすすめです。成分表示を見てポリフェノールの含有量が多いものを選んで、カロリーに気をつけながら適量を飲みましょう。

ワインでもジュースでも、お気に入りのワイングラスを準備して飲んでみてはいかがでしょうか。このとき、グラス磨きの布もいっしょに購入しておいて、時間に余裕があるときはグラスを丁寧に磨く時間を持ちましょう。薄く繊細なつくりのワイングラスを磨くときは力の入れ加減が重要になります。手先の感覚に神経を集中させ、手指を繊細に動かす作業は脳によって非常によいトレーニングになります。

●左右の手を使って細かい作業をしよう

「経験を積めば、誰でも利き手と逆の手を器用に動かせるようになる」――。

これはスペインのＪ・Ｓ・デ・トーレス教授の言葉です。トーレス教授の研究によると、左右の手が動く速度や動作の精度の差は本来10％程度に過ぎないのだそうです。

世界規模で見ても利き手の大勢を占めるのは右手だと言われます。左右の脳は体の反対側を支配しているため、右利きの人は左脳をたくさん使っています。

一方、バイオリニストは右利きであっても一般の人よりかなり多く左手を使っており、右脳の神経回路が明らかに密になっていることがわかっています。

私たちも利き手以外の手を使う機会を増やせば、よく使う脳とは反対側の脳も活性化できるはずです。たとえば食事のとき、あえて利き手でないほうの手で箸を使って食事をしてみましょう。おすすめは豆。ぬるぬるとして滑りやすい里芋、骨を取るのが面倒な焼き魚もおすすめです。

食事以外でチャレンジしてみてほしいのは「お手玉」「あやとり」「塗り絵」です。

お手玉は脳にとてもいい遊びです。手を繊細に動かし、リズムにのって適度な力配分をしなければならないからです。お手玉の空間での動きを把握する空間認知力も高めることができます。お手玉の感触が手のひらに適度な刺激も与えてくれます。

あやとりも両手の繊細な動きが大事な遊びです。両手指を細かく使いますし、空間の把握もできなければなりません。インターネットで検索すればさまざまなあやとりが紹介されていますから、10種類以上をめざしてひさしぶりに挑戦してみてはいかがでしょうか。

塗り絵も脳のトレーニングに効果的です。一時期、「大人の塗り絵」といわれるものが流行し、たくさんの本が出ました。自分の父にもすすめましたし、患者さんにもおすすめしているのですが、どなたもかなり没頭して、きれいに色を塗り分けた力作を見せてくださいます。嫌々やっても効果は期待できませんが、熱心に取り組めば脳の活性化に効果的です。花、世界遺産のある風景、日本の名所、生き物、浮世絵などさまざまなテーマがありますから、自分の好きなものを選んで挑戦してみてください。

「絵を描いてみてください」といってもなかなか描けるものではありませんが、塗り絵なら誰でもできます。色を塗りながら、それに関連する昔のことを思い出したり、旅行の記憶がよみがえってきたりすることもあるようです。手を使いながら脳も動かしているのです。

●インプット・アウトプットを心がけよう

私の父は92歳で元気だとお話ししました。父は若いころ、学生運動や社会運動を熱心にしていました。その影響か、今も社会に起こるさまざまな問題に関心を持ち、新聞やテレビでニュースを熱心にチェックしています。常に社会問題については知っていたいし、考えたいし、できればそれについて人と話したいという気持ちがあるようです。

このように好奇心があれば、仕事をしなくても心身の健康を維持して1人でも長く暮らすことができます。世の中の動きをチェックし、社会のことや自分に起こったことを「今週のニュース」として記録してみましょう。インプットの際は、自分と違う若い世代が発信する情報に触れることも意識してみるといいでしょう。インプットだけでなく、アウトプットもしてみてください。人に話してもいいし、ブログに書いてもいいでしょう。

第6章　最期を過ごす場所を決めるダンドリ

中村明澄

幸せな最期は、自分らしい〝逝き方〟を選ぶことで実現します。

自分らしい逝き方とは、自分らしく生き抜くこと。

そのために大切なことの一つが、「自分の過ごしたい場所で過ごすこと」です。

人生の最終段階では医療的な正解がなくなってくるため、老化や病気があっても自分で過ごす場所を自分で選ぶことができます。

病気の種類や病状、家庭の事情が人それぞれの中、私たちは自分らしく過ごせる場所をどう考え、選択したらいいのでしょうか。

―著者プロフィール―

なかむら・あすみ／医療法人社団澄乃会理事長。向日葵クリニック院長。緩和医療専門医・在宅医療専門医・家庭医療専門医。２０００年東京女子医科大学卒業。山村の医療を学びに行った学生時代に初めて在宅医療に触れる。病気がありながらも自宅で生活を続けられる可能性に感激し、在宅医療を志す。11年より在宅医療に従事し、12年8月に千葉市のクリニックを承継。17年11月に千葉県八千代市に向日葵クリニックとして移転。訪問看護ステーション・緩和ケアの専門施設を併設し、地域の高齢者医療と緩和ケアに力を注いでいる。病院、特別支援学校、高齢者の福祉施設などでミュージカルの上演を通して楽しい時間を届けるNPO法人「キャトル・リーフ」の理事長としても活躍。著書に『在宅医が伝えたい「幸せな最期」を過ごすために大切な21のこと』（講談社＋α新書）、『「在宅死」という選択——納得できる最期のために』（大和書房）がある。

最期を過ごす場所は自分で決めていい

どんな年代の人であれ、みんな自分にとって居心地のよい場所で過ごしたいと願っています。それは人生の最終段階を迎えた人も同じです。体調が優れないからこそ、自分の落ち着ける場所で好きなように最期のときを過ごしたいと願うのは当然のことで、ぜひともかなえてほしいと願っています。

人生の最期を迎えるにあたって重要なことがあります。それは、「先生にすべてお任せします」と医師に従うのではなく、医師や関係者とともに考えて自分で決める、ということです。

一口に「終末期」といっても、病気の種類、病状、患者さんの事情や思い、価値観は一人ひとり違います。「自分がどうしたいか」を考え、自分の価値観に合わせて選択することが、納得のいく最期を迎えるために欠かせません。

また、人生の最終段階では「医療的な正解」がなくなってきます。そのため、自分がどうしたいかに合わせて、どこでどのような医療を受けるかを自分で選択することができます。詳しく説明しましょう。

私たちは病気になったら病院へ行き、医師の診断と方針に従って治療を受けます。医師はその時点での医療的な正解と思われるものを示し、私たちはよほどの疑問がない限り、それに従う。それで問題はありません。たとえば今、あなたが40代、50代だとします。肺炎と診断され、医師から「入院して治療したほうがいいと思います」と言われたら、医師のすすめに従って入院を考えるでしょう。

しかし、あなたが同じ症状・同じ診断で90歳だったとしたら？　必ずしも入院がベストとは言えなくなるのです。入院して肺炎が治ったとしても、足腰が弱ってしまって寝たきりになる可能性があります。認知症が急速に進んで、入院前と同じようには生活できないかもしれません。病気は治っても、その後の生活が大きく変わってくるかもしれないのです。

それゆえ、人生の最終段階では医師も「これが最適解です」とは一概に言えなくなります。いくつかの選択肢のメリット・デメリットと、その後に考えられる生活の変化を説明されたうえで、医師と患者さんがいっしょに考え、最終的には患者さん自身とご家族が選択する。そんな場面が増えてきます。

私はこれまで、訪問診療をおこなう在宅医として1000人を超える患者さんを看取ってきました。そんな私の考える幸せな最期のあり方とは「生き方も〝逝き方〟も自分らしく」ということです。幸せな最期は、自分らしい〝生き抜き方〟を選んでこそ、実現します。

2018年に亡くなった俳優の樹木希林さんは「死ぬときぐらい好きにさせてよ」という言葉を残しました。まさにこの言葉のとおりだなと在宅医療の現場で実感する毎日です。

では、どうすれば人生の最期を幸せに、自分らしく過ごせるのでしょうか。

私は、次の3つを考えることが自分らしい〝逝き方〟の実現につながると考えています。

①過ごす場所（自宅か、病院か、施設か）
②やってもらいたいこと（受けたい医療や介護）
③やりたいこと（かなえたい夢）

まず①過ごす場所（自宅か、病院か、施設か）についてです。どこで過ごすのが適切かは、患者さんの病気や症状、家庭の環境などによって違います。最期を迎えるのは病院がいい、と一概に言うこともできません。「本当は家で過ごしたい」と願っている人が望めば家に帰れるということを知らないままに病院で亡くなってしまうのを私はしばしば目にしてきました。自分の希望がかなわないというのはとても残念ですし、悲しいこと。悔いの残ることだと思います。自分の気持ちとその他の条件を考え合わせて、納得のいく場所を自分で選んでほしいと願っています。

②やってもらいたいこと（受けたい医療や介護）についても、自分の考えを整理して納得のいく選択肢を選ぶことが大事です。胃ろうや人工呼吸器のような延命治療は、一度開始すると途中でやめることは簡単にはできません。なぜなら、命が終わってしまうことを意味するからです。

急な決断が必要となったときに、胃ろうや人工呼吸器について一から理解して考えをまとめることはできません。前もって正しい知識を得て、自分がどうしたいかを考えておくことが大事です。

考えておくこと自体が一番大事なので、「考えたけれども決められなかった」となっても大丈夫です。仮に決まった場合は、それをご家族や医師、関係者に伝えておければなおいいでしょう。考えて決めたことでも、気持ちが変わったら変更して一向に構いません。

前もって考えるプロセスを踏むことで、いざというときに後悔しない選択をすることができます。受けたい医療や介護がはっきりすれば、①の過ごす場所も決めやすくなります。

最後の③やりたいこと（かなえたい夢）も大切です。自分のやりたいことをやっておかないと後悔しながら人生の最終段階を過ごすことになるからです。ただし、やりたいことをやるためにはタイミングが重要です。病状が進んで動けなくなってからでは、やりたいことができないまま最期を迎えることになります。

病気によっては、余命1カ月でもそれほど体調が悪いように見えないケースがあります。そこで「もう少し体調がよくなってから」とやりたいことを後回しにしていると、最後のチャンスまでも失ってしまうことがあります。やりたいことがあるのなら医療者やご家族とよく話し合い、適切なタイミングで悔いのない選択をしてほしいと思います。

ここまでご説明した①過ごす場所（自宅か、病院か、施設か）、②やってもらいたいこと（受けたい医療や介護）、③やりたいこと（かなえたい夢）については、なるべく早い段階から考えておきましょう。病状が悪化してからだと、情報収集をして自分なりの考えをまとめるのも大変になります。

可能ならば、人生の最終段階に入る前にやりたいことや延命治療について一度考えてみることをおすすめします。まだ特に持病もなく、入院や介護が遠い未来に思える人も一度考えてみるといいでしょう。前もって考えるプロセスを踏んでおくことで「自分はこんなふうに考えていたのだ」と理解が深まりますし、いざというときに下した決断についても納得の度合いが高くなります。

ただ、人生の最終段階について自分の考えをまとめるといってもどうすればいいか、わからない人もいるかもしれません。具体的にはこれから挙げるようなことを考えてみるといいでしょう。

ACP（アドバンス・ケア・プランニング）という言葉をご存じでしょうか？もしものときのために、自分が望む医療やケアについて前もって考え、家族や信頼できる人、医療・ケアチームと話し合い、共有するプロセスのことです。ここ数年、厚生労働省が「人生会議」という愛称で普及活動を進めているので耳にした人もいるでしょう。

まだまだ先のことと思っていても、いつ何時、命に関わる大きな病気やケガをするかわかりません。命の危険が迫った状態になると約70％の方が、これからの医療やケアなどについて自分で決めたり、人に伝えたりすることができなくなったりするといわれています。

そのような状況になったときは、家族など信頼できる人が、医療・ケアチームと医療やケアについて話し合いをすることになるため、事前に自分の価値観を共有しておくことはお互いにとってとても大切です。

万が一のことがあっても、自分の希望がかなえられるように、また周りが困らないようにするためにも、自分が大切にしていることや望んでいること、どこで、どのような医療・ケアを受けたいかを自分自身で考え、周囲の信頼する人たちと話し合い、共有してみましょう。

厚生労働省のホームページ（https://www.mhlw.go.jp/stf/newpage_02783.html）には、実際に「人生会議」をやってみて印刷までできるページへのリンク（人生会議学習サイト「ゼロからはじめる人生会議『もしものとき』について話し合おう」）があります。厚労省は11月30日を「人生会議の日」と定めています。その日に毎年「人生会議」をやってみてもいいでしょう。エンディングノートのほうが答えやすいという人は、そちらでも構いません。

人生会議もエンディングノートも難しそうでハードルが高すぎると思う人は、「余命3カ月と言われたら何をしたいか」を考えてやりたいことを20個挙げてみましょう。余命が3カ月しかないとしたら、自分はどこで過ごしたいか、何をやっておきたいか、どんな医療を受けたいかを考えてみるのです。

私も地域における研修会で、この「余命3カ月」のワークショップをすることがあります。終末期がテーマではありますが、楽しみながらいろいろと考える方もいます。自分のやりたいことがどんどん出てくる人、後に残る家族のことや家の整理に関することばかり挙げる人など、人によってやりたいことは千差万別です。「自分はこんなことを考えていたのか」と無意識の自分に気づくこともできます。

あらたまって終末期の話はしづらいと感じる人は、家族や自分の健康診断や検査のタイミングをつかまえて話し合っておくのがおすすめです。「もし悪い結果が出たらどうする?」「私はこういう結果ならこうしたいな」というように、雑談の話題の一つとして気軽に聞いたり話したりしてみましょう。

「自分の取扱説明書」を書くワークもおすすめです。自分の性格、好きな食べ物・嫌いな食べ物、好きなことや嫌なこと、最期の希望、お世話になっている人に伝えたいことを書き出して、自分の取扱説明書をつくってみるのです。「口数は少ないけれど、構ってほしいタイプです」「こういうドラマが好きなので、見せると喜びます」などと楽しみながら書いてみることで、自分の人生の最終段階をどう過ごすかを考えることができます。

最期に過ごす場所の最適解は人によって違う

幸せな人生の最終段階を迎えるために考えてほしいこととして、①過ごす場所（自宅か、病院か、施設か）、②やってもらいたいこと（受けたい医療や介護）、③やりたいこと（かなえたい夢）の3つをお伝えしました。

ここからは①、つまり最期を過ごす場所をどのように考えて決めていったらいいかについて詳しくお話ししていきます。

最期の場所を考える際に大事なのは「最期の過ごし方は一人ひとり違っていい」ということです。自分らしい時間を過ごせるか、大切な人と穏やかなよい時間を持てるかどうかが大事です。

そして、「ここで最期を過ごしたい」と一度決めたとしても、病状によって気持ちが変わることがあります。そのときは過ごす場所を変えてもいいのだということをぜひ覚えておいてください。変えてはいけないということはありません。

最期を過ごす場所を選ぶには、それぞれの場所にどんなメリットがあるかを知ることから始まります。自宅、病院、施設の順に見ていきましょう。

●「自宅」のメリットは、自由に過ごせること

住み慣れた環境で自分らしい生活を送ることができるため、自宅の居心地のよさは病院や施設の比ではないでしょう。自由に過ごせるのが自宅の一番のメリットです。自分さえ望めば、好きなものを自由に口にできます。入院中は難しいお酒やたばこも楽しめるでしょう。面会時間や消灯時間がありませんから、自分が好きな時間に起きて、好きな時間に寝られます。

大勢の人がいてせわしなく行き来する病院と違い、自分の慣れ親しんだ空間にいられることで、気持ちが落ち着くのも自宅のメリットです。

私はこれまで、入院しているときより目に見えて元気になる患者さんの姿を何人も見てきました。科学的根拠はありませんが、自宅で過ごすことから来る安心感、リラックス感がそうさせているのでしょう。患者さんが当初医師から言われていた余命より長生きする傾向もあるように感じています。

●「病院」のメリットは、何といっても安心感

病院を選ぶ方が重視するのは、何といっても安心感です。何か起こっても、ナースコールを押せば看護師がすぐに駆けつけてくれますし、夜間であっても当直医師が診てくれる環境は心強いでしょう。在宅医療も24時間365日体制で対応しますが、患者さんのお宅にうかがいするまでには30分から1時間ほどかかるため、病院のスピード感にはかないません。

医師から「自宅療養で大丈夫」と説明を受けても「家にいると治療が遅れて取り返しのつかないことになるのではないか」「病院にいたほうが治りやすいのでは」などの不安の拭えない方は、無理に自宅での療養を選択しなくてもいいでしょう。くつろげるはずの自宅で不安な思いを抱えたまま在宅医療を受けても、いい影響はありません。不安があれば、医師や看護師に相談しながら、どこで過ごすかを検討しましょう。

●「施設」のメリットは、同世代との新たな交流

時折、「親を施設に入れるのは悪いこと」と思い込んでいる家族がいらっしゃいます。ただ、施設ならではのよさはたくさんあります。

自宅での療養は、家族以外とのコミュニケーションがどうしても限られてきます。その点、施設なら年齢の近い他の入居者と交流できるメリットがあります。いろいろな人と接することで気持ちに張りが生まれ、体調にもよい作用をもたらす効果が期待できます。

施設は、患者さんの家族にとってもいい場合があります。家族だけで患者さんの面倒を見ていると行き詰まってくることがありますが、施設なら家族も自分の時間を持てますし、患者さん本人も新しい人との交流の機会があります。双方にとっていい影響を及ぼすこともあるのです。

施設といっても、その特徴は千差万別です。どんな施設があるかを調べて、どのような施設なら入りたいかを考えてみましょう。実際に見てわかることもありますから、可能なら見学をしてみることもおすすめします。

私自身も、母を施設で看取った経験があります。故郷の沖縄から母を呼び寄せ、自分の家の近くの施設に入居してもらいました。在宅医として24時間365日体制で働いているため、簡単に帰省はできません。施設に入居してもらったほうが、母と会いやすくなるというのが理由でした。

母は施設で楽しそうに過ごしていました。母の日に100本のバラといっしょに記念撮影をしたときの母の笑顔は忘れられません。入居者を楽しませる季節の行事も充実していましたから、常ににぎやかな環境で施設の方々に見守られながら人生の最期のときを過ごせたのではないかと思います。

●実際、患者はどこで最期を迎えているのか

自宅、病院、施設、それぞれのメリットを見てきました。

では実際、患者さんたちはどこで人生の最終段階を迎えているのでしょうか。

現在は、約8割の方が病院で亡くなっているのが現状ですが、厚生労働省「令和4年度　人生の最終段階における医療・ケアに関する意識調査」では、「あなたが病気で治る見込みがなく、およそ1年以内に徐々にあるいは急に死に至ると考えたとき、最期をどこで迎えたいですか」という問いに対しては、「自宅」と答えた人が43・8%と最多でした（図1）。しかし「あなたが病気で治る見込みがなく、およそ1年以内に徐々にあるいは急に死に至ると考えたとき、そ

れまでの医療・ケアはどこで受けたいですか」という問いに対して、「自宅」と答えた人は27・3％にとどまっていました（図2）。この結果から、「最期を迎えたい場所」と「医療・ケアを受けたい場所」は、人によっては異なることがあるとわかります。

また、末期がん、重い心臓病、認知症のそれぞれの場合に「最期を迎えたい場所」を聞いた問いでは図3のような結果となり、病気によっても選ぶ場所が異なることがわかります。

このように、病気や時期によって過ごしたい場所は変わるのが当たり前です。そのときどきで自分に合った場所を選び、実際にそこで過ごせるかが重要です。

図4は、自宅で過ごせるかどうかを考えるときの要素を私なりにまとめたものです。そこに正解はなく、患者さん本人がどんな状況に置かれているか、ご家族のキャパシティや経験、価値観、性格など、さまざまな要素をふまえて決定したほうがいいと私は考えています。

まず大事なのは本人の状況です。ＡＤＬと呼ばれる日常生活動作がどこまで

図 1　最期を迎えたい場所

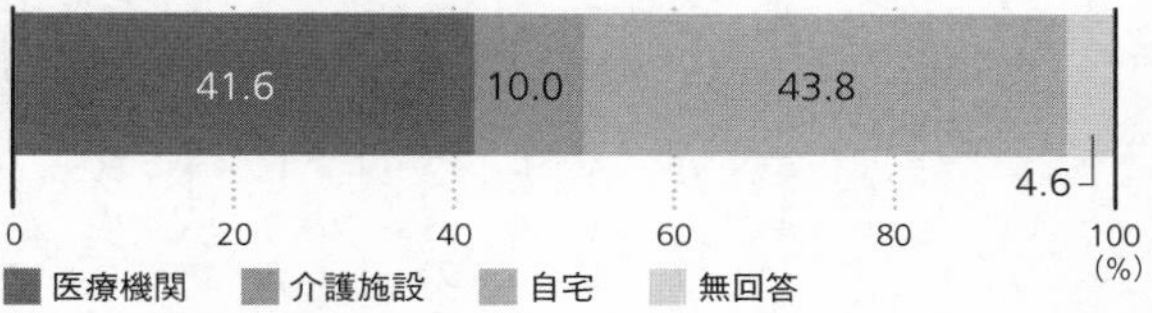

図 2　医療・ケアを受けたい場所

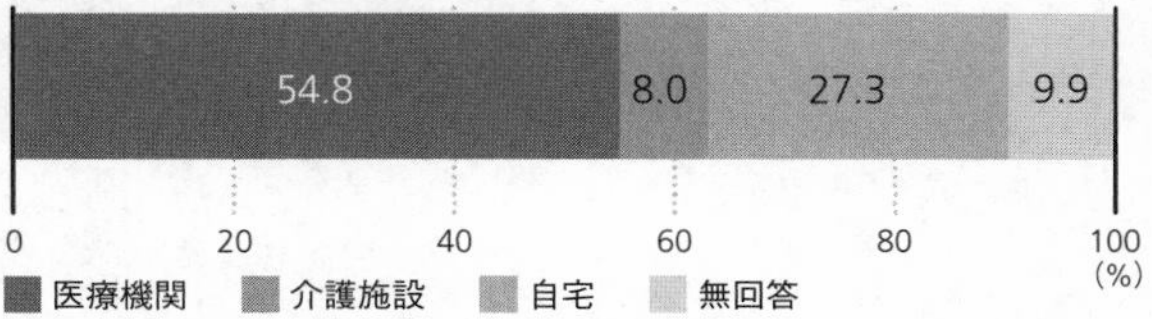

図 3　最期を迎えたい場所（病気別）

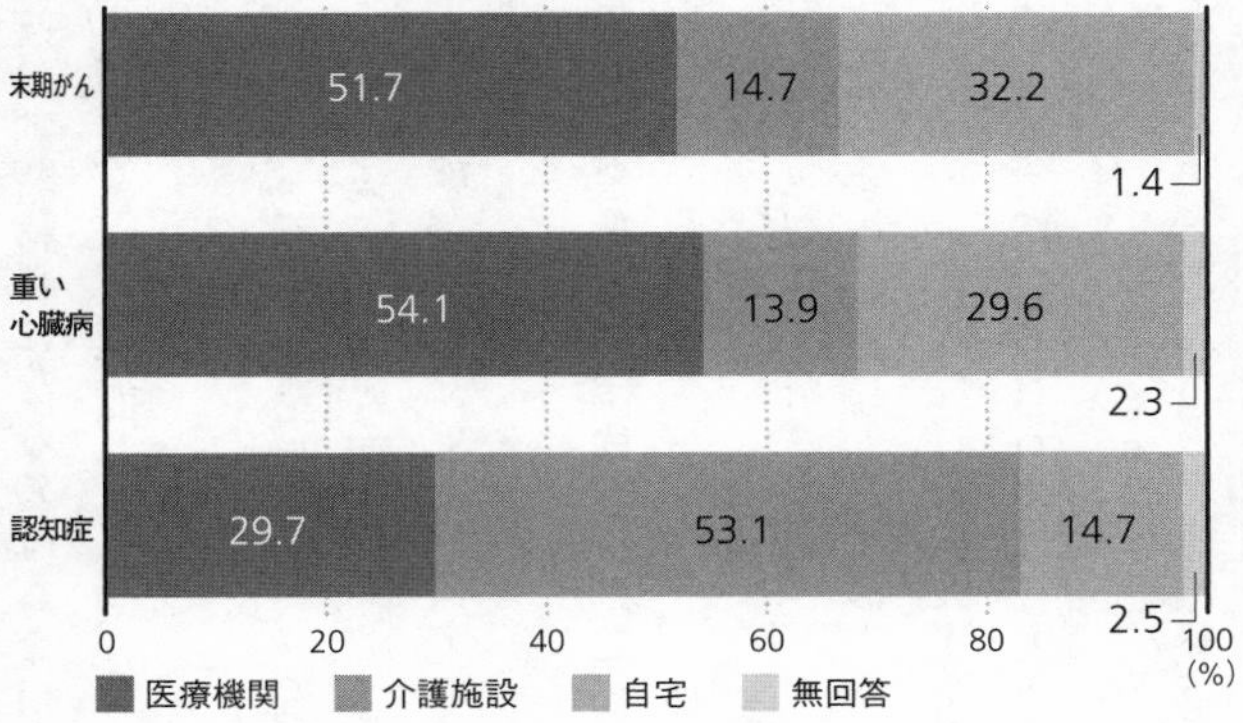

出典：令和4年度　人生の最終段階における医療・ケアに関する意識調査（厚生労働省）

できるかを考えます。一般的に本人やご家族の判断材料になるのは、ご自身で自宅のトイレに行けるかどうか。あとは本人に残された時間（余命）、感じているつらさや不安についても勘案します。

ただ、本人の状況だけでは決まりません。本人を支えるご家族の「介護力」と「どっしり力」も自宅で過ごせるかどうかを考える大事な要素になります。介護力とどっしり力があればあるほど、本人の状態が厳しくても、自宅で過ごしやすくなるのです。

介護力とは、介護にかけられる時間、人数、お金などを総合的に見たときの力です。あればあるほど介護力は高くなります。

どっしり力は、介護に関わる人の価値観や経験などに左右されます。介護や看取りの経験はどっしり力を高める助けにはなりますが、経験がなくても、どっしり力の高い人はいます。不安があってもそれをいったん受け止めた上で前向きに物事をとらえようとする人、物事を鷹揚に構えて見守れる人は、どっしり力が高いということができます。

ただし、介護力とどっしり力が高ければどんな患者さんでも自宅療養できる

図4　自宅での療養生活は可能か？

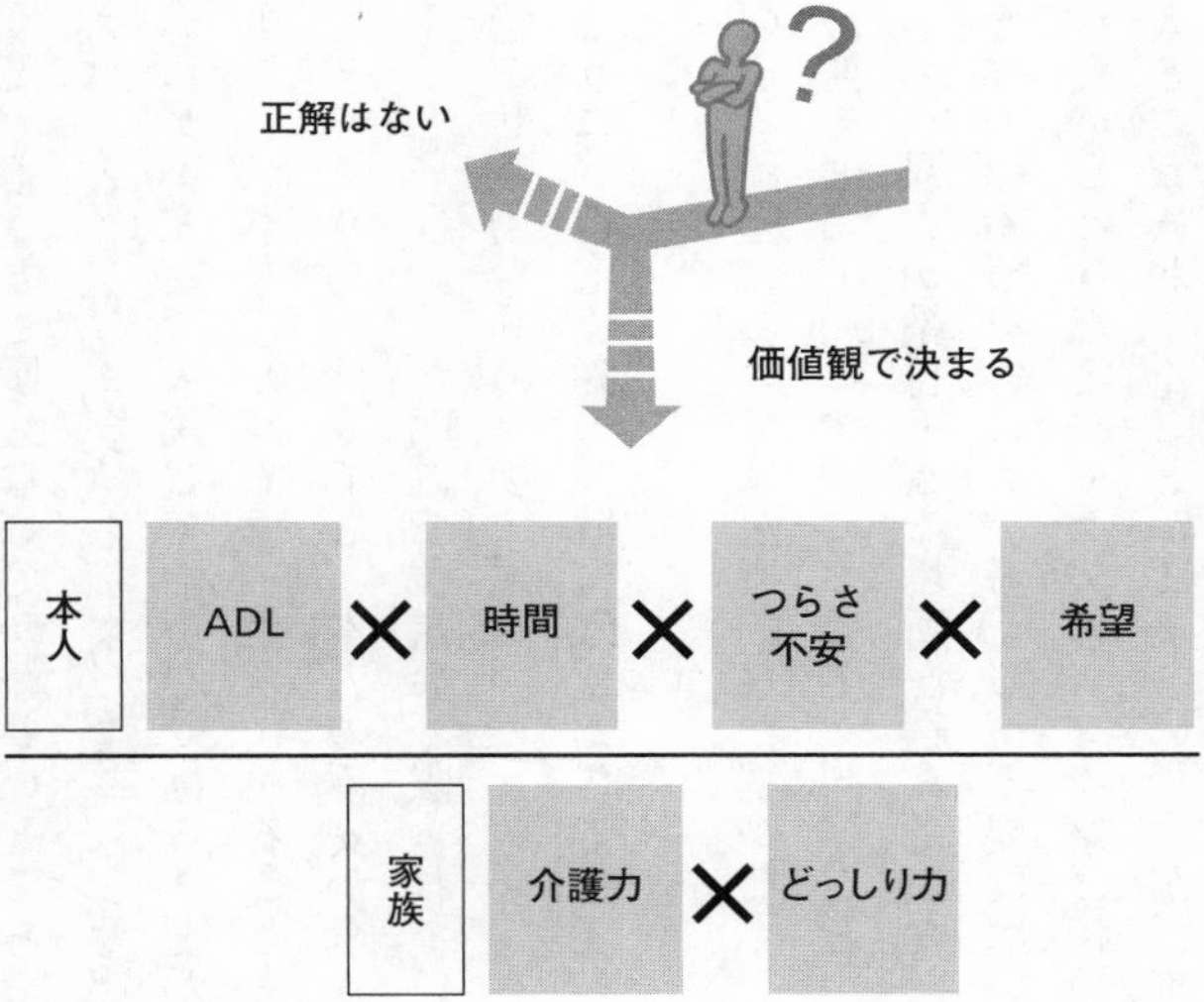

かというと、そうとも限らないのが難しいところです。

たとえば、家族に介護力やどっしり力があっても、本人の不安がとても強かったり、病状が不安定で入院して治療を受けることが望ましい場合などは、自宅で過ごすことが本人にとってマイナスになることもあります。反対に、家族の介護力やどっしり力が低くても、本人の不安が全くなく、自宅で最期まで過ごしたい！　という希望が明確で、余命も限られている場合は、何とか自宅で最期まで過ごせる場合もあります。

このように、自宅療養の継続にはさまざまな要素が関係してくるのです。

人生の最終段階においては医療的な正解がなくなっていくという話をしましたが、最期をどこで過ごすかについても同じことが言えます。本人とご家族で話し合って、双方が納得できる場所を選んでいただきたいと思います。

病状と本人の希望以外にも、考えるべき要素はいろいろあります。迷ったときには、私のような在宅医やケアのスタッフに相談してください。最終的な決断は本人とご家族がすることが望ましいですが、本人とご家族双方の気持ちや言葉の裏にある真意も踏まえたアドバイスをすることができるのは第三者であることも多いです。本人と家族にとって「どの選択肢なら一番後悔が少ないか」をいっしょに考えていきましょう。

●納得のいく最期は患者だけでなく、家族も癒す

過ごす場所を自分で決めて、納得のいく最期を迎えた患者さんを紹介しましょう。

末期がん患者の新井譲さん（仮名）は53歳。入院していたときにちょうど新型コロナウイルスのパンデミックが起こり、面会制限によってご家族と会えない時期が長く続きました。ご家族も譲さんの様子を知ることができず、不安な日々を送っていました。

譲さんは「最期は家族と家でいっしょに過ごしたい」と考え、退院を希望しました。やっと譲さんと会えると考えたご家族も賛成し、さっそく退院の準備に取りかかりました。

しかし退院が決まり、帰宅の準備をしていたわずか1日の間に譲さんの体調

は急激に悪化。いつ亡くなっても不思議ではないというほどの危篤状態に陥ってしまったのです。

こんな状態の譲さんを家に連れて帰って大丈夫なのか——。ご家族は大変悩まれましたが、「最期は家族と家でいっしょに過ごしたい」という気持ちは譲さんもご家族も同じです。予定どおり、譲さんと自宅に帰ることを決断されました。

譲さんの容態を考えると、いつ何が起こるかわかりません。譲さんが帰宅したときに家に医師がいたほうがいいだろうと考え、私はご家族といっしょに譲さんを家で出迎えました。譲さんは望みどおり、最期の時間をご家族とともに自宅で過ごしました。そして、ご家族に見守られながら、帰宅から1時間後に息を引き取ったのです。

急なお別れに譲さんのご家族は大変悲しまれましたが、後悔はありませんでした。譲さんの希望をかなえられたことへの満足感があったからでしょう。「あのタイミングで退院を決断して家に帰れて本当によかった」「1時間でも家でいっしょに過ごせてよかった」とお話しされていた様子が印象に残りました。

譲さんとそのご家族の姿は、最期を過ごす場所を自分で考えて選択し、行動に移すことの大切さを私たちに教えてくれているような気がします。

末期がんだった譲さんの最期からもわかるように、がんの終末期では急激に状態が変化することがあります。家に帰るぐらいはできそうに見えても、その状態が長く続くとは限りません。

仮にあなたががんの終末期で入院中であり、退院して自宅に帰れないだろうかと考えたのなら、早めに決断して行動に移すことをおすすめします。譲さんは何とか自宅に帰ることができましたが、帰る準備をしていて結局帰れなかったケースもあります。悔いのない選択をしましょう。

病院と自宅を何度も行ったり来たりするのは難しいですが、退院して帰ってみても、やはり自宅療養は難しいと思えば病院に戻ればいいのです。一度決めたことは変えられないと思わずに、自宅に帰りたいと思ったなら迷いすぎないようにしましょう。迷っているうちに帰れないような状態になったら、後悔してもしきれません。

在宅でも病院と同じケアが受けられる

実際には病院で亡くなる人が8割ですが、前にも紹介した厚生労働省「令和4年度　人生の最終段階における医療・ケアに関する意識調査」では、「治る見込みのない病気になった場合、どこで最期を迎えたいか」との問いに対して「自宅」と答えた人が43・8%と最多です。今は健康でも、治る見込みのない病気になったら、自宅で人生の最終段階を穏やかに過ごしたい、と考える人は多いかもしれません。いざというときのために、ここからは在宅医療の基礎知識をお伝えしましょう。

在宅医療とは、可能な限り自宅で過ごしたいと考える患者さんを医療や生活の面から支援するサービスです。サービスを受けられるのは、慢性的な病気や障害などによって通院が難しくなってきた方。寝たきりの方はもちろん、足腰が弱って歩いたり階段を上がったりするのが困難な方、認知症があって待合室で長時間じっと座って待つことが難しい方なども対象です。がんの終末期は容態が急に変わりやすいことから、まだ自力で通院できるうちから在宅医療を利用することがあります。

医師や看護師のほか、ケアマネジャーと呼ばれる介護支援専門員、介護職、理学療法士や作業療法士、言語聴覚士などのリハビリ職、歯科医師、歯科衛生士、薬剤師、管理栄養士など、さまざまな職種が患者さんの自宅療養をサポートします。

在宅医療で医師が訪問して診療することを「訪問診療」といいます。「具合が悪くなったけれど病院に行けないので来てほしい」と患者さんから要請して来てもらう単発の「往診」とは異なり、契約を結んだ上で計画的に医師が訪問して24時間365日体制で患者さんの病状に対応します。

診療は患者さんの状態に応じて月に1～4回。初診は1時間～1時間半ほど、再診は特段の問題がなければ15～30分ほどです。

では、肝心の在宅医はどうやって選べばいいのでしょうか。一つの基準となるのが、医師が所属している診療所が「在宅療養支援診療所」として認可されているかどうかです。2006年から始まった在宅療養支援診療所は、24時間対応をすることなど、一定の条件を満たした診療所であることを意味します。容態の急変があれば24時間連絡がつき、必要があれば往診もしてもらえる体制が整っています。
がんの終末期の患者さんの場合は、「在宅緩和ケア充実診療所」かどうか、医師が「緩和医療認定医・専門医」であるかを基準にしてもいいでしょう。在宅緩和ケア充実診療所は、専門的な痛みのコントロールの経験があり、緊急往診や看取りの実績が豊富にあると認められた医療機関であることを意味しています。

在宅医療をおこなう医療機関と患者の自宅の距離は、半径16㎞以内に位置することと法律で定められています（その距離内に専門対応できる医療機関が存在しない場合、存在していても訪問診療に対応していない場合は除く）。いざというときに慌てないよう、病院のホームページをチェックしたり、地域包括支援センターで相談したりして、在宅医療の可能性については一度調べておいてみてください。

在宅医療では「訪問看護」も利用できます。訪問看護師は医師の指示のもと医療処置をおこなったり、患者さんの生活全般におけるケアや相談に乗ってくれたりします。いわば、自宅療養の医療と暮らしに精通したプロフェッショナルです。

一見すると、世間話をしながら体温・血圧・酸素飽和度を測っているだけのように思えるかもしれませんが、患者さんの状態を見ながら医療面、生活面での助言をしてくれます。何か問題があれば、医師や他の職種と連携して患者さんがよりよい療養生活を送れるようにマネジメントしてくれます。介護を担うご家族の相談に乗ったり、具体的な世話の仕方についても教えてくれたりと、幅広く対応してくれるのです。自宅療養で訪問看護は必須ではありませんが、可能なら訪問看護もぜひ利用してほしいと思います。

●意外と知られていない在宅医療の真実

在宅医療は利用してみないとわからないことがたくさんあります。そのため、誤解もいくつかあるようです。

よくあるのが、「訪問診療は高い」という思い込みです。訪問診療の診療報酬は医学総合管理料、訪問診療料、居宅療養管理指導料の合計となり、患者さんの費用負担は月5200～8200円（医療保険1割、介護保険1割の場合。

医学総合管理料は医療機関の種類と病気によって異なる）になります。確かに自分で病院に通院するより医療費は高いかもしれません。

ただ、病状が重くなって徒歩や運転での通院が難しくなるとタクシーを使う機会が増えたり、付き添いが必要になったりします。その負担を考えると訪問診療の費用はそれほど高いとはいえず、実際にはみなさんが想像するほどの金額の差はないともいえます。

「在宅医療は病院と違い、できることが限られている」というのは半分正解であり、半分不正解です。もちろん、手術やＣＴ、ＭＲＩを使った検査はできませんが、血液検査や小型のエコーなどである程度の診断や治療ができます。酸素吸入や痛み止めの持続注射などの医療処置もできますし、病院で使用している人工呼吸器を使い続けることも可能です。

24時間連絡がとれますから、夜間に具合が悪くなったときに朝まで我慢したり、体調の悪化を押して自力で病院へ行ったりする必要がなくなります。

在宅医療を躊躇する人の中には「家で亡くなったら警察が入るから、最期は入院して病院で迎えたほうがよい」と言う人がいます。しかし、これも誤解です。在宅医が定期的に訪問しており、老衰やがん終末期などのように亡くなることが予測されている中での呼吸停止なら在宅医が死亡診断書を発行しますから、警察への連絡は不要です。

自宅で患者さんが亡くなったときは、必ず訪問診療や訪問看護の緊急連絡先に連絡を入れましょう。息を引き取る瞬間を誰も見ていなかったからといって動揺する必要はありません。必ずその瞬間を見ていないといけないということはないのです。

家族の寝ている夜中に患者さんが亡くなっており、家族が翌朝気づいた場合は、そのタイミングで緊急連絡先に電話すれば大丈夫です。延命処置を希望されていないときは、「息をしていない！」と気づいて慌てて119番で救急車を要請しないようにしましょう。呼吸が止まっている状態で救急車を呼ぶと、心肺蘇生の対象となって心臓マッサージや人工呼吸が施され、亡くなった場合には警察の検死の対象になってしまうことがあります。

もちろん、在宅医療を受けている患者さんが全員、救急車を呼ばなくていい、というわけではありません。自宅療養の中で想定外に容態が急変した場合には、在宅医が入っていても救急車を要請してもらうことがあります。

●がんの終末期には早めに在宅医療を始めよう

がんの終末期は急に容態が悪化することが多いと前にも述べました。そのため、まだ自力で通院できるうちに病院の主治医や看護師から在宅医療をすすめられることがあります。

病気によって、病状の段階はかなり違います。図5をご覧ください。がんは心・肺疾患末期や認知症・老衰等と比べて、最期の2カ月ぐらいで急激に機能が低下するのが特徴です。

がんの終末期では、「以前より動くのが少しつらいかな」と感じるぐらいが在宅医療を開始する一つのタイミングと覚えておいてほしいと思います。本当に動けなくなってから在宅医療の体制を整えようとしても間に合わないことがあるからです。

在宅医療には寝たきりや高齢者の人が利用するものというイメージが強く、

図5　人生の最期に至る軌跡

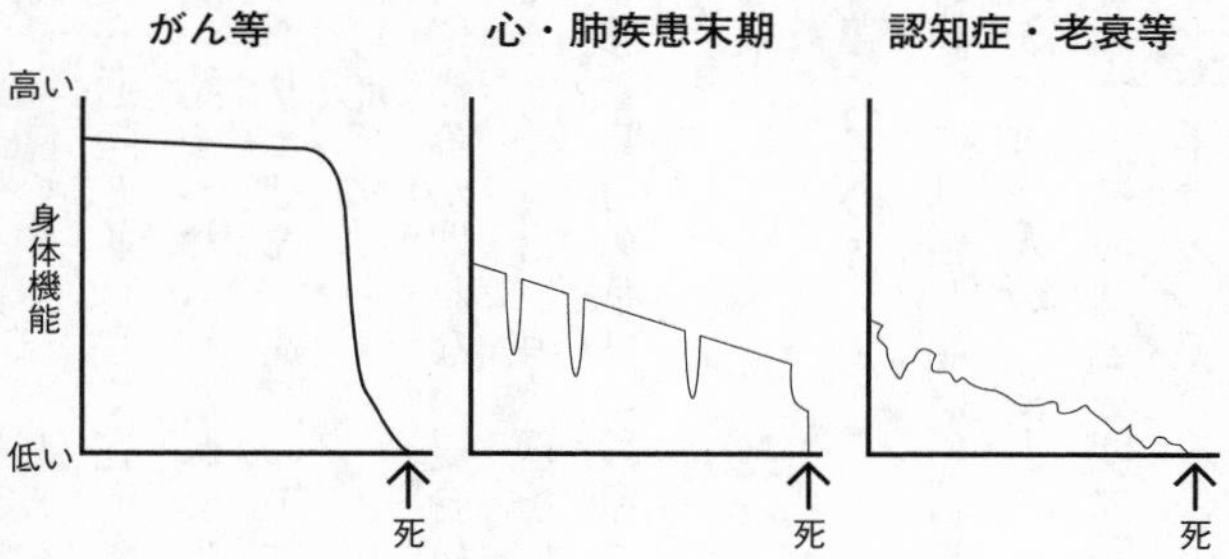

Lynn J, Serving patients who may die soon and their families, JAMA 285(7),2001

まだ動けるうちは「在宅医療をお願いするほどじゃない」と思うかもしれませんが、病院からすすめられたら通院と並行して在宅医療もスタートさせておきましょう。いったん在宅医療が始まったら、これまで通っていた病院に行ってはいけない、というわけではありません。病院の主治医と在宅医療の主治医との2人体制で対応することも可能です。

在宅医療なら、いつもの薬で痛みが取れない場合に夜中であっても電話で相談できますし、薬の調整もできます。もし在宅医療の話が出たら、前向きに考えてみることをおすすめします。自分の病状の段階が今どこかを知って、後悔しない選択をしてほしいと思います。

穏やかな最期を迎える「幸せ感じ力」のススメ

「がんでよかった」――。にわかには信じがたい言葉かもしれませんが、がんの患者さんの中にはこんなふうに言う人がいます。

みなさんも、水が入っているコップの話を一度は聞いたことがあるのではないでしょうか。コップの中に水が半分入っているのを見て、「半分しか水が入っ

「半分しか入っていない……」とネガティブに考える人もいれば、「半分も水が入っている！」とポジティブに考える人もいるという、あの話です。

死に至る病と向き合っている人も同じで、「余命が半年しかない」と捉える人もいれば、「この半年で死ぬための身辺の整理をしよう。やりたいことをやっておこう」と考えられる人もいます。

もちろん、病気が判明し、そのために遠くない将来に死を迎えることを知ってショックを受けない人はいないと思います。悲しむ人も多いはずです。ですから、ポジティブに考えてください、というのは土台無理な話だと思います。頭ではわかっているけれども、どうしてもそんな気分になれない、という人もいるかもしれません。

それでも病状をいったん受け止めて、物事を明るい方向から見るように心がけてみてほしいのです。私はこれを「幸せ感じ力」と呼んでいます。幸せ感じ力があれば、悲しみは減らすことができます。暗い方向から見て、悲しみを自分でわざわざ増やしにいく必要はないのです。

この幸せ感じ力は患者さん本人だけでなく、見守るご家族や周りの人も意識してみてほしいと思います。たとえば、終末期の方が1日にプリンを一口だけ食べたときに何と声かけをすべきでしょうか。

「一口しか食べないなんて。もっと食べないと元気になれないよ」と言うのは患者さんの体調を思っての声かけではありますが、すでにがんばっている患者さんはつらくなってしまいます。せっかくの家で過ごす時間が暗くなってしまうかもしれません。

しかし、プリンを一口しか食べなかったとしても、「今日はプリンを一口食べることができたね」と言えば朗らかな空気が流れますし、明るい気持ちになれます。同じ物事でも捉え方を変えるだけで人生の最期が穏やかで幸せなものに変えられるのです。

私の知っている76歳の末期がんの患者さんは「余命がわかるから、がんでよかった」「今日、明日が最期というわけじゃないから、自分でいろんな準備をして、それを終わらせられるなんてラッキーだったわ」と明るく話していました。家族に直接遺言のような言葉を伝えることもできたと話してくれたその顔は、満足感に満ちあふれていたように思います。

別の患者さんで「がんになったおかげで、なかなか会えなかった親族が集まれたのでうれしい」と話していた人もいました。

現実を変えられるわけではないのなら、物事を暗い目で見るより、明るい目で見たほうが自分が楽になります。病状を知り、ショックな気持ちも悲しみもいったん受け止めたあとは、それを少しずつ手放してみましょう。そして残された貴重な時間をどう過ごすかに気持ちを切り替えていくことを考えてみてください。

一度切り替えができたら、それだけで重苦しい気持ちはだいぶ軽減されると思います。幸せ感じ力を発揮するのは、やろうと思えば誰でもすぐできます。お金も特別な道具も必要ありませんし、何より害や副作用もありません。実践しないのはもったいないと思います。

心のありようによって、残された時間の過ごし方が変わり、最期を迎えたときの心持ちも違ってきます。自分らしい、幸せな最期にもつながっていくはずです。みなさんが悔いのない生き抜き方ができることを願っています。

終章　死ぬときに後悔しないためのダンドリ

大津秀一

死に方のダンドリで忘れてはならないのが、
「死ぬ前の後悔をいかに減らすか」です。
自分は後悔などするタイプでない、と思っていても
死ぬ間際になると、大なり小なり後悔は出てくるものだからです。
ただし、後悔の種類はだいたい決まっています。
人はいつ死ぬかわかりません。
元気なうちから、死ぬときにするだろう後悔をなるべく減らす行動を
とっていくべきです。

―著者プロフィール―

おおつ・しゅういち／早期緩和ケア大津秀一クリニック院長。緩和医療医。茨城県出身。岐阜大学医学部卒業。２００６年度笹川医学医療研究財団ホスピス緩和ケアドクター養成コース修了。２０１０年６月から東邦大学医療センター大森病院緩和ケアセンターに所属し、緩和ケアセンター長を経て、2018年より現職。遠隔相談を導入した早期からの緩和ケア専業外来クリニックを日本で先駆けて設立・運営し、全国の患者さんが相談可能なオンラインでの緩和ケア相談「どこでも緩和®」を香川県坂出市の「みのりクリニック」と協働して行っている。著書に25万部のベストセラー『死ぬときに後悔すること25』（新潮文庫）、『幸せに死ぬために――人生を豊かにする「早期緩和ケア」』（講談社現代新書）などがある。

終末期の患者さんに訪れるのは身体的苦痛だけではない

私の職業は「緩和ケア医」です。これまでに約3000人の患者さんの最期と向き合い、主にがんの患者さんを対象にその心身の苦痛を和らげる仕事をしてきました。

特に末期のがん患者さんを苦しめるのは身体的苦痛です。お話をよく伺い、おおかたの場合、薬などを使ってその苦痛を取り除いていきます。

しばしば厄介なのは、精神的苦痛です。これは医師の力だけではどうにもなりません。患者さんから示される悩みは、もはや残された時間と体力では解決できないであろう問題も少なくないからです。私にできるのは、患者さんのお話にじっと耳を傾けることが中心となります。

人はいつ死ぬかわかりません。死ぬときに後悔しないようにするためには、私たち一人ひとりが健康なうちから悔いのないように生き、後悔を残さないように準備しておくよりほかありません。

人間は、後悔なしに生きることはできないと私は思っています。私が最期を見届けてきた患者さんたちは大なり小なり、なんらかの「やり残したこと」を抱え、後悔していました。

そうした患者さんと何千人も接する中でわかってきたことがあります。それは「明日死ぬかもしれない」と思いながら生きてきた人は、悔いを残さぬためには何をしたら良いのかという思いが行動にもしばしば反映されて、後悔が比較的少ないのではないかということです。

しかも、みなさんが終末期に抱える後悔は意外と集約され、後悔する内容はだいたい決まっていることもわかってきました。

私の見てきた限り、いまわの際に「先生、私はもう思い残すことはありません」と言い切ることのできた患者さんは決して多くありません。そうした人たちは、世間一般で考えられているよりずっと前から後悔を残さないように「準備」を進めてきたように見えました。どの方も、いつ死んでも悔いが最小限になるように、問題を後回しにしない生き方をされていたのです。

死はいつ、誰に、どのようにやってくるかはわかりません。突然やってきた死期を目の前にして後悔することのないよう、私たちは常日頃からダンドリをつけておくべきでしょう。

ここから、私が看取りをしてきた方が後悔していたことを22項目に整理して紹介します。これらの中に、あなたが死に際に後悔しそうなことがあるでしょうか。それはどれですか。解決策は見出せそうでしょうか。

すでに不可能なこともあるかもしれませんが、できることがあれば後悔を減らすべく行動に移していきましょう。そうすれば、不意打ちが多いのが人生ではありますが、その中でも、なるべく後悔の少ない一生を送ることができるのではないかと思います。

私が遭遇した、終末期の患者さんが後悔する22のこと

1　やりたいことをやらなかったこと

やりたいことをやらないと、最期に後悔します。やりたいことは、さっさとやるべきです。

「人生はあっという間であった」とは、私の接した患者さんたちの少なからず

が言い残された言葉です。そのため、やりたいことはどんどんやらないと「あっという間に」人生の最期の日が来てしまいます。

日本人はうつによる自殺の多さからも透けて見えますが、我慢に我慢を重ねる性質がしばしばあります。そして、見えない鎖に縛られすぎていることも少なくないように感じています。

我慢し続けて良いことなどこれっぽっちもないというのが私の考えです。「あっという間に」人生の最期の日が来るという事実を直視すれば、度を越した我慢がいかに不適切なものかが理解されます。

私もたくさんの方の最期を見届けてきましたが、「生涯を愛に生きるため、新たな伴侶と生きた女性」「都会での暮らしを捨てて、高原で第二の人生を自然とともに生きることを実践した男性」「最期の瞬間まで、自分の作品に心血を注ぎ込んだ男性」は間違いなく輝いていました。死に顔は穏やかで、後悔などほとんどなかったのではないかと思われます。

後悔しない生き方とは、自分を取り戻すことです。意識せずとも、自分というものを体いっぱいに表現している子どものようになれば、人生の楽しみを取り戻し、後悔することも少ないでしょう。言うは易く行うは難しかもしれませんが、その殻や鎖から少しだけ自由になることから始めてみましょう。

2 ふるさとに帰らなかったこと

死が近くなると、人は昔を思い出すものです。亡くなる1週間前ごろから「終末期せん妄」といって意識が変容して、時間や場所の感覚が曖昧になることがあります。そのとき、昔のことを語りだす人がいます。意識はしなくても、人の心の奥底に眠っていた幼少期のことや、かつて住んでいた場所、そこでともに生きた人の記憶が顔を出すのです。

そのためでしょうか、死が迫ると、ふるさとに帰りたい、親の墓参りをしたいという人も少なくありません。しかし、病状によってはすでに故郷に帰ることが難しくなってしまっていることもあります。そんなとき、人は後悔せずにはいられません。故郷に行きたいならば、健康なうちにするべきです。体が動かなくなってしまってからでは遅いのです。

私の知っている患者さんに余命が1、2か月以内とも思えるほど衰弱されてから、里帰りを実行した人たちがいます。それをきっかけに生命力を取り戻して何と1年近く生きた人、故郷で幸せな最期を迎えた人もいます。それらの方の場合は、故郷に行くことが人生にプラスの影響を与えたように見えました。

ただ、誰もが同じことをできるわけではありません。死期が迫ってから後悔しないように、早めに計画・実行していくとよいでしょう。

3　好きなものを食べておかなかったこと

病気になると、味覚が変わることがあります。死が迫ると、だいたい食欲は落ちます。好物を食べても、同じように味わえないから、食べようと思ってもその気にならないのです。自分の好物を食べてもまったく美味しくなくなってしまっていることさえあります。

終末期において、無理やり食べさせる必要はありません。無理に食べたとしても、それによって余命が延びることはほとんどないからです。

だから、食べられるものだけ、美味しいと思うものだけ食べればいいのです。本人が食べたくないものを食べろと押しつけるより、彼らが本当に欲しいものを望んだときにそれを味わってもらうことが大切なのです。

これまで美味しいと思えなかったものが美味しくなることもありますから、希望は捨てるべきではありません。がんの終末期に炭酸飲料やカップラーメン、甘いものを好むようになる人もいます。アイスクリームやプリン、ゼリーなどは飲み込みが悪くなってからもしばらく食べられることがあります。ガリガリ君を好まれる方が結構いることも知られるようになって来ました。

好きなものは元気なうちに、食生活が偏らない程度に食べておいた方が後悔は少ないでしょう。

4　趣味に時間を割かなかったこと

終末期に、仕事ばかりの人生だったことを後悔する人がいます。「仕事＝人生」だった人は、病気になり、入院が頻繁になると仕事ができなくなり、生きがいが奪われてしまうからです。仕事しか引き出しがないと、仕事ができなくなったときにつらい思いをする可能性が高くなるかもしれません。

私の知っている患者さんで、普通だったら散歩ができないほど筋力が落ちているのに「散歩に出るのが楽しい」と出かけていた人がいました。病床で死の数日前まで粘土細工に打ち込んでいた人もいました。ホスピスのロビーで趣味の歌を披露し、再び歌を歌いたいと生命の炎を燃やし続けた人もいます。

終末期のために趣味を持つ必要はありませんが、何らかの一芸を追求し続けるのは人生の引き出しを増やし、己の糧になるのではないかと感じます。それが最後まで、人を支え続けるものになったりもするのです。私の見てきた一芸を長く続けた人たちは、最後までそれを楽しみながら、後悔のない、よい最期を迎えられたように感じています。

旅行を趣味とする人は、できるうちにしておきましょう。病気になってからの旅行は簡単ではありませんし、終末期になるとさらに大変です。体力的なことだけが問題ではありません。手続きが大変で、周囲の理解を得ることも必要になるからです。

たとえば、痛み止めの医療用麻薬を使用していても海外渡航はできますが、その持ち運びのための諸手続きや、海外で体調を崩したときのための英文の紹介状などが必要な場合があり、準備に時間がかかります。

80代で車いす、余命2、3カ月と推測される男性から家族とハワイに行きたいと言われたときには驚きました。しかし本人と家族の決意は固く、私は英語の文書作成に精を出しました。旅行から数カ月して男性は亡くなりましたが、「よい思い出ができた」と本人も家族も大変満足しておられたことが記憶に残っています。

病状が深刻になる前に旅行にはどんどん行くべきです。明らかに他者に迷惑をかける場合はやめたほうがいいと思いますが、そうでないなら行ったほうが後悔は少ないと思います。

5　夢を実現できなかったこと

若いころは無限に時間があるように感じられます。望めば何にでもなれるような気がするものです。しかし長じるにつれ、その万能感は少しずつ失われていきます。さまざまな夢があっても、かなえられたものは、ほんの一部でしょう。

これは私の感想ですが、死ぬ前に後悔するのは夢がかなえられなかったことそのものよりも、その夢をかなえるために自分が全力を尽くせなかったことにあるのかもしれません。

ただ、夢を持ち続けていさえすれば、それは最期の瞬間を迎えるまでかなう可能性があります。あきらめたら可能性はゼロになりますが、あきらめなければゼロにはなりません。

ピアノが上手な患者さんがいました。彼女は亡くなる前にピアノを演奏して、病棟の患者さんたちを涙させる演奏をしました。ピアニストになる夢がかつてはあったと聴きました。ピアニストにはなれませんでしたが、ピアノを弾くことで人を元気づけたり感動させたりできたら、という夢を持ち続けたからこその結果だったと思います。

夢や情熱がなければ、人間は単に生命を消費するだけの存在と化してしまいます。最期まで夢を持ち続けることができれば、たとえそれがかなわなかったとしても、後悔は少ないのではないでしょうか。

6　死後について考えておかなかったこと

生きているうちに、自分の死後について考えるのは不吉だと思う人がいるかもしれません。しかし、自分の葬式や死後に残される財産の行く末を決めておくのは、後悔を減らすことにつながります。

病が進んでからだと、いろいろなことを考えて決めるのは難儀ですし、大きな負担になります。

死に至る病だと判明した場合は、自分がやりたいことを残された時間でやると同時に、葬儀の準備もしておくと後悔は少ないかもしれません。誰にでもできることではありませんが、できる方、その点で後悔しそうな方にはおすすめしたいと思います。

葬式の特徴は、主役がすでにこの世にいないことです。葬式を取り仕切ることはできませんし、仮に葬式に不手際があっても、喪主にあれこれやかましく言うこともできません。

残った家族に無駄なお金を使わせたくない、自分の好みと異なる葬式を避けたい、というのであれば確実な方法は2つです。生前葬をしておくか、葬儀の計画を完璧に立てて葬祭業者等と話をしておくことです。

自分の死後について考えるという意味では、遺産分与の話し合いも元気なうちにしておくべきです。病気になる前に遺産をどうするかを決めて、子どもたちを呼び集めて伝えておきましょう。

遺産分与が難しいのは、ただ均等に分ければいいかというと、そうとは限らないところです。

たとえば、親への貢献度合いで遺産の比率を変えることがあります。主介護者となる子どもには多くの肉体的負担、金銭的負担がかかることがあるため、主介護者に多くの遺産がいくようにしておいたとしましょう。すると、主介護者でない子どもが急に親に対して冷淡な態度を取る事例があります。

また、介護の負担が偏っているのに遺産分与をあまりに平等にした場合、介護を担っていない遠方の家族が安堵して、途端に足が遠のくこともあります（悲しい現実です。もちろん全例ではありませんが）。

体が病で弱ってから、神経を使う遺産分与の作業をするのは大きな負担になります。しかし、本人が亡くなった後に残された家族が遺産分与をするのも争いのもとになりがちです。病気の有無にかかわらず、ある程度の年齢になったら考えをまとめて整理し、関係する家族を集めてよく話し合うことをおすすめします。

7　罪を犯してしまったこと

人間は生きるために、誰もが大なり小なり殺生をしています。歩くだけでも、どれだけの生物が踏み殺されていることか。生まれながらに、他の何かを犠牲にしなくては生きていけない生き物なのです。

しかし、世の中には法律上明らかな罪を犯して死を迎える「犯罪者」と呼ばれる人々もいます。

とある犯罪者が死を迎えようとしていたとき、彼は「赦しが欲しい」と言い、キリスト教の洗礼が施されることになりました。洗礼の日が迫ると彼の容体はみるみる悪くなり、彼は恐怖におののきます。「私の犯したことは取り返しがつかないことだった！　後悔しても後悔しても、なお後悔する。どうしたらいいのか？」

洗礼の前の数日間、彼が後悔にさいなまれてのたうち回るさまは、はたから見ても恐ろしいものでした。彼には身体的苦痛はあまりなかったにもかかわらず、悶え苦しんだのです。

犯罪は犯すべきではありません。誰も見ていないと思っても、自分は見ていますし、天も見ています。だから死が迫ると、その忌まわしい記憶と天が許さないという恐怖にさいなまれるのです。

8　喜怒哀楽に振り回されすぎたこと

喜怒哀楽を表して生きるのは悪いことではありません。しかし、些細なことに常に心を揺り動かされていては、一生を荒海の中で航海するようなものです。

ある患者さんは死を前にしてこう言っていました。

「今考えると、何であんなに泣いたり、怒ったりしたのかわかりません。死ぬことからすれば、これまでぶつかってきた障害なんて実は大したものではありませんでした。あれこれ心を惑わせ過ぎたような気がします」

彼女はくり返し、小事に心を揺るがせないことの大事さについて語りました。

彼女のような心境には、実際に死を目の前にしないとたどりつけないでしょう。それでも彼女の言葉は、私たちに大切なことを教えてくれます。それは、感情、特に否定的感情に囚われたまま一生を過ごしたら、残るのは後悔ばかりということです。

怒っていても、泣いていても、笑っていても、一生は変わらず過ぎていくものです。だったら笑っていたほうが得です。冷静な心の先に笑いを見出すことができれば、後悔はきっと少なくなるでしょう。

9 他人に冷たくしてしまったこと

人への優しさが足りないと思う人は優しさを意識したほうがいいでしょう。他人をいじめることがよくある人は、心を入れ替えたほうがいいでしょう。他人に優しくしなかったことは、死が迫ったときに後悔の一因になります。

他人を蹴落として勝負に勝ち、成功を手に入れてきた人でも、決して勝利できないのが死です。けれども生の終わりを敗北でなく、完結ととらえることができれば、死を恐れることはなくなります。

戸田さんという男性がいました。「私には優しさが足りなかった」と言って、彼は他人を蹴落としてきた自分の生涯を後悔していました。けれども戸田さんは、我々スタッフの名前を覚え、細かく気を遣い、いつも礼を言う優しい人でした。そう言うと、戸田さんはこう答えました。

「今は心持ちが変わったからです。だから先生たちの印象も違うんだと思います。昔の自分はひどかったから」

死を前にして戸田さんは人に優しくしなければ、と気づきました。彼の温かい優しさに私達も元気づけられ、その私達の姿に彼は「励ましをもらっている」とよく口にしていました。最期、微笑みを浮かべて旅立たれました。

10　自分が正しいと疑わなかったこと

人の言葉を素直に受け入れるのは難しいものです。あの孔子でさえ、「六十にして耳順《したが》う」、つまり六十になって人の言葉を素直に聞けるようになった、と言っています。

己の振る舞いには一点の過ちもないという人がいます。一見後悔とは無縁でプラス思考のように見えます。ただ、自分が一番である、絶対に正しいと信じて疑わない姿勢に一度疑いを持ってみると、また違う世界が開けるのではないかとも思います。

問題にぶち当たったとき、一人の意見だけで行動していると暗礁に乗り上げることがよくあります。医療がまさにそうです。良心ある医者がセカンドオピニオンを勧めるのも、一人の医者の判断だけでは間違いがあるかもしれないと考えるからです。

ある人は、絶対に自分が正しいと疑わず、医療者や家族が勧めることを一切拒絶してきました。最後、助言を容れて治療を行って症状がとても良くなった時、頭を殴られるような体験だったと言います。「もう少し人の言うことに耳を傾けることが出来ていたら、人生ももう少し変わったのかもしれないな……」彼が呟いた言葉は忘れられません。

11 会いたい人に会っておかなかったこと

会いたい人に会えなかったこと。これも最期に後悔することが多いことです。

会いたい人がいるなら、今すぐに会いに行ったほうがいいと思います。なぜなら、いつまでもこの世にいられるとは限らないからです。会いたいと思っているうちに、この世にいなくなってしまうかもしれません。それは相手ばかりでなく、自分にも当てはまります。

死期が迫ったときに遠方から会いに来る人がいますが、そのような状態になる前に会っておくに越したことはありません。死の直前には意識が低下したり、せん妄状態になったりすることが多いからです。せっかく来たけれども相手が誰かを認識できなかったり、会話が難しかったり、眠っているような状態になったりしていることもありえます。

「今」はいつまでも続きません。このように語っている瞬間ですら、次の瞬間には過去となってしまい、世の中も、人と人とのつながりも少しずつ変わっていきます。

会いたいと思ったら、すぐさま会いに行くべきです。会いたい人にきちんと会っておけば、後悔は少なくなるはずです。

12　よい恋愛をしなかったこと

死に瀕して「もっと恋愛をしたかった」と言う人は私の知る限り、ほとんどいません。死期が迫ると他にもいろいろと考えることがあるでしょう。また最後にそんな赤裸々な心情を吐露することに控えめな日本人は躊躇するのかもしれません。

ただ、恋愛の記憶は、人生の最期の日々を豊穣にするようです。死期が迫ったときに、かつての恋愛について語ってくれた人が何人かいるからです。

配偶者がいる人に「後悔しないように恋をしてください」と言うのは気が引けます。しかし、恋は必ずしも生身の人間でなくてもいいと思います。遠い世界の有名人、映画やドラマ、本の登場人物など、愛おしく思える対象がいるだけで力になります。見ることも話すこともできないが愛おしい。人生の最期の杖となるのは、意外とそのような恋愛なのかもしれません。

私はある高齢の女性から、かつて引き裂かれてしまった元恋人の話を聞いたことがあります。彼女が「来世でまた会いたいですね」と言ったとき、私は恋愛の一つの到達点を見たような気がしました。彼女の最期の日々と死に顔は、微笑みに彩られていました。よい恋愛は死出の道を照らしてくれるものとも感じました。

13　結婚をしなかったこと

昨今は結婚にこだわらないカップルが増えてきました。医者になり、さまざまな家族を見るにつけ、男と女の関係は多様なのだと実感しています。長年連れ添って事実上の夫婦でありながら、さまざまな事情で法律上は結婚していない方々も少なからずいらっしゃいます。

けれども、一方の死期が近くなると、やはり結婚はしたくなるようです。医療現場で過ごしていると、ごく近い将来に死別することを知りながら結婚して入籍したカップルにときどき出会います。

自分がその立場に立っていないので本当の心の機微まではわかりません。ただ、結婚は一つの「形」であり、形あるものを残したいという考えの一つの表れなのかもしれません。死別しても揺るがない絆を見ると結婚とはすごいものだなと感じると同時に、結婚しなかったことを後悔する人も出てくるかもしれないと感じます。

家族関係、特に夫婦が血縁を超えた深い結びつきでつながっている場合は、終末期の苦悩も大きく減少するようです。死期が迫った時に、当時勤めていたキリスト教系の病院に併設されている礼拝堂で、式をあげた末期がんの新婦のお顔は輝いていました。新郎もまた、そうでした。彼女たちにとって、それは大切なことだったのだと思います。

14 子どもを育てなかったこと

「結婚して子どもを産んでおけばよかった」は、独身の方の後悔として時々聞く言葉です。結婚より、子どもを育てなかったことを後悔する人が多いような印象はあります（ただし個人差はあります）。

おそらく純粋な作業で言えば、子どもを産み育てるほうが、そうでない人生より大変でしょう。ただ、子育てに費やした労力と金銭は取り戻すことができなくても、人生の最期に周囲にたくさんの家族がいて囲まれているほうが安らぎを感じられるという側面もあるのかもしれません。

実利を考えて、家族をつくるのは間違っていると思います。けれども損得や利害を超えたところでつながっているのが家族です。自らの死が迫り、絆が揺らぐ時期になると、人はその絆を求めてしまうのかもしれません。実際、終末期が迫ると、例外を除いて、家族などのごく近しい関係の人との時間が多くなるものではありません。

そんな時に、家族を顧みなかったと嘆く方も何人も見て来ました。様々なご事情の家庭がありますから、難しい関係であるのを無理やり修復すべきとか、仲良くすべきだとか、それは言いません。ただできれば、特にそのような難しさを抱えていない場合においては、家族は大切にできると良いと思います。それゆえに後悔が少なかった家族を私はたくさん知っています。一緒の時間が十分に取れることは、亡くなる人が家族のためにしてあげられることでもあるのです。

15　子どもが結婚していないこと

子どもを結婚させていない後悔は、ばかにできない大きさです。「結婚させなければよかった」と嘆いた人はあくまで私の経験ではいませんが、「結婚させておけばよかった」と死の床で後悔する人は何人もいらっしゃいました。

今、独身の男女も増加しています。親から見れば「なんで結婚しないのか」としばしば思うもののようですが、親世代とは社会環境が違います。子どもが素直に親の言うことを聞く時代でもありません。義務感で結婚する時代はほとんど終わったと言っていいでしょう。

今は平均寿命が延びているため、親は子どもが独身のままでいるのを見ながら老い、亡くなります。それゆえ、心残りがないかと問うと、「子どもが結婚していないことです」とさみしさを漂わせながらおっしゃる場合もあり、そういうものなのだとも実感します。

何が幸せかはそれぞれによって異なりますので、難しい問題ですが、現在では高齢の親が長年引きこもる子を支える「８０５０」問題が、親子の高齢化で「９０６０」問題に移行しているとも言われています。先を見据えて動くというのは大変なものですが、できるだけ良い結末が見つかるべく、後悔がないように考えて動いてゆくことは大切に感じます。

16　生きた証を残さなかったこと

あなたは自分が生きた証として残したいものがありますか。子どもを産んだ女性なら、我が子に自分の生の証を見てとることもできるでしょう。男性は子がいても、自分の生きた証とはとらえにくいかもしれません。あくまで私の経験ですが、「生きた証を残したい」と明示される男性が女性より多いのはそのためかもしれません。

死の翼は、いつあなたを奪い去るかわかりません。証は残せるうちに残しておいたほうがいいと思います。人生の総括はできるだけ早くしておくべきで、何も老いるまで待つ必要はないのです。

何を生きた証として残すべきかは、なかなか難しい問題です。家や時計を残すという考え方もあるでしょうが、せっかくだから手作りのものがいいのではないでしょうか。「ものを作る人」は作品を通して生きた証を表現するという方法もあるでしょう。

一つおすすめしたいのは、家族、友人、その他の人々に手紙を残すことです。手紙は気恥ずかしくて言えないことや心に秘めた思いを吐露しやすい手段です。肉筆であれば、亡き人が確かに存在し、それを書いている情景をも想像できます。渾身の思いが込められた手紙は、読んだ人々の心に生き続け、残った人々の力になります。

ただこの分野はこの10年、20年で手段が増えました。最近は動画で残される場合も増えています。確かに、自分が亡くなった後に生まれた子孫が、「この人はこういう声だったのだ」「こういう人だったのだ」というイメージがわきやすいという利点があるでしょう。自分なりのやり方で何かを残しておくと、自分自身の後悔が減ることにも、大切な人の後悔が減ることにもつながるでしょう。

17　生と死の意味を見つけられなかったこと

十七歳で亡くなったある少女は「自分の生が、死が意味あるものでありたいと思う」と最後の手紙に書き残しました。生が無意味なら、人は死ぬしかなくなります。死が無意味なら、人の死は無駄死にだと感じます。だから人は、生と死の意味を求めて止まないのでしょう。無意味であることを恐れているのです。

一方で、生と死の意味を見つけるのは難しいことです。人の数だけ答えがあることでしょう。少なくとも死ぬまでに、自分なりの答えをある程度つかんでいなければ、つらい時間を過ごさなければならないかもしれません。

私が思うに、独自の人生観を「マイ哲学」で築いていた人は、死を前にしても堂々たるものでした。一方、単なる快楽主義のような「マイ哲学」を持っていた人は、最後の最後に築き上げた城が崩壊してしまった場合もあります。

私たちはもっと生と死について知り、それに対して己の考えを確立すると楽になれると思います。かつて俳優として活躍された入川保則さんと生前一度対談の機会を持たせて頂いた時に、入川さんは「もともと苦しいものを、楽しいものに変えていく過程こそが人生なんだ」と仰っていました。確かにそのように捉えると、この世界もまた異なって見えるかもしれません。そのような自分自身の生や死に対する考え方は、窮地のときはもちろん、死出の道をも照らしてくれるものだと思います。

18　宗教を信じてこなかったこと

死期が迫ると、宗教を信じてこなかったことを後悔して特定の宗教に急いで帰依する人を見てきました。来世を確信したい、生と死の意味を最後に摑みたい、毎日心身がつらいから救ってほしい――。動機は人それぞれです。

死を前にすれば、地位の高低などは関係ありません。社会的に大成功をおさめてきた社長が泣き叫んだりするかと思えば、普通人極まりないように見える人が、死を前にしてまったく動じなかったりもします。得るものが多かった人間ほど、その分、終わりに失わねばならないものも多く、それゆえ、最期に何かにすがりたくなるのかもしれません。あるいは、すがりつくことがあまりできなかった人生だったからこそ、最期ぐらい何かにすがりたくなるのかもしれません。

余命数カ月となってから宗教について考えるのは負担が大きいと思います。できれば元気なうちから宗教について知り、考え、真実を見通す目を養ったほうが、いざというときの後悔は少ないのではないでしょうか。もちろんこれは怪しい宗教や、客観的に見て弊害が大きいものを無理に信じたり取り入れたりということを意味しません。自分なりの、世界や宇宙についての捉え方を持っておくこと、これは役に立ってくれるものと見ていて思います。

19　健康維持を怠ったこと

「先生、もう少し早く検査をしておけばよかったです……」

そうおっしゃる患者さんは少なくありません。ここまではっきり口に出さなくても、検診を受けなかったことを後悔していた人は少なくありませんでした。

現在、日本人の死因の第１位は「悪性新生物」、つまり「がん」です。２人に１人ががんになり、亡くなる人の３人に１人はがんであるといわれています。夫婦であれば片方ががんになる可能性があり、夫婦と子ども１人の核家族であれば、うちの１人ががんで亡くなる可能性があるかもしれません。

これさえすれば１００％がんを予防できるという確実なものはありません。そのため、がんの種類にもよりますが、手術で根治できる早期の段階でがんを発見し、その芽を摘むのが好適です。「早期発見」、これが2024年現在、私がもっともすすめたいがんの対策法です。

早期発見のためには、がん検診を受けることです。会社で行われる健康診断は生活習慣病の発見には適していますが、がんの早期発見に向いているとはいえません。年に1回「ちゃんとしたがん検診」の受診をおすすめします。

検査を受けなかったばかりに、早期発見なら治った病気が手遅れになったとしたらどうでしょう？　きっと後悔するはずです。健康は最低限、大切にしておくべきです。

後悔を減らしたいのであれば、がん検診とともに、「禁煙」も考えてほしいと思います。

たばこは発がんの原因となることが明らかになっています。日本の研究では、すべてのがんによる死亡のうち、男性は約30％、女性は約6％が喫煙が原因（能動と受動を含めて）とされています。

たばこが原因となる病気はがんだけではありません。たばこには、心血管系の病気や肺疾患の原因にもなる物質が少なからず含まれています。

もちろん、いくら暴飲暴食をしても糖尿病にならない人がいるのと同じように、いくら喫煙をしてもがんや肺疾患にならない人はいます。

ただ、病気になったときに「やっぱりたばこを止めておけばよかった……」と後悔するのなら、「たばこと心中してもいい」と断言できる人以外は早く止めたほうがいいでしょう。たばこは吸わなくても生きていけます。わかっちゃいるけど止められないことも承知していますが、それでも一念発起して止めて、このような後悔と無縁の人もいるのは事実です。

20　自身の意思を伝えなかったこと

テレビドラマや映画を見ていると、登場人物が死ぬ直前まで話ができたり、病室には患者と家族だけだったり、死の少し前まで自分で動けたりしています。私に言わせればあれは夢物語で、ほとんどの場合において現実ではありえないことです。

死を迎える人はほとんどの場合、まとまった話はできず、意識もなく、動けなくなります。そばにいるはずの家族は病室から追いやられ、医師や看護師しかあなたに近づけないかもしれません。

そんな状況で自分の意思を示せるか。答えは「ノー」です。

それに死期が迫ると自分の意思を伝えることだけでなく、そもそも考えること自体が難しくなります。そうなる前に自分の考えをまとめて家族や医療者に伝えておかないと、自らが望んでいない治療を家族が医師と相談して決定・遂行してしまうかもしれないのです。

返品ができる買い物と違い、終末期の医療行為は一度なされたら取り返しがつかないものもあります。自分が今、何を考え、どうしてほしいのか、家族や医療者と遠慮なく何でも話し合っておきましょう。家族であっても言わなければお互いの考えていることはわからないものです。余裕があれば自分の意思を紙に書いておいてもいいでしょう。

しかし、重要なのはその「紙」ではありません。本人と家族と医療者が最期の瞬間までコミュニケーションを取り続けようとすること。そのことこそが重要なのだと覚えておいてください。

21　治療の意味を見失ったこと

医療は病気を治し、人を健康に戻すためにあります。しかし残念ながら、治らない病気があることも確かです。そのときの医療は、病気の進行をできる限り食い止めるものになります。ただ、病気の進行を止めることが人生の第一目的になってしまってはいけません。

治らない病気の患者さんにとって大事なのは、一分一秒でも長く生きることではなく、限られた生をよりよく生きる方法を見出して、自分の夢や希望をかなえることです。治療を続けていたらいつのまにか死期が目の前に迫っていて、やりたいことをできなかった。そのような後悔を語る人は少なくありません。

私は余命３カ月と思われたある患者さんに「そろそろしたいことをするときだと思います」と伝えたことがあります。しかし彼は穏やかに笑ってこう言いました。

「根治しないと言われたときから、治療の合間に墓参りをしたり、旅行をしたり、遠方の家族に会いに行ったり、したいことは全部やってしまったんです」

彼は、治療が自分のやりたいことをする時間を確保するためのものだと理解していました。そのおかげで、彼の後悔は少なく、彼の家族の苦しみも少なかったことは言うまでもありません。

22 「ありがとう」を伝えられなかったこと

病院で仕事をしていると、いろいろな愛の形を目にします。愛の対象は、夫や妻、子ども、恋人、友人とさまざまでしょう。

日本人は海外の人に比べると、今の時代でも「愛している」と口に出すことははるかに少ないのではないかと思います。しかしそのおかげで、滅多に出ない「愛している」という言葉にとてつもない力が宿る「魔法の言葉」になりえます。

ただ、それでも「愛している」と言うのはまだ抵抗があるという方は、ぜひ「魔法の言葉その2」である「ありがとう」を口に出してみてほしいと思います。あなたの気持ちは相手に必ず伝わります。

「ありがとう」――。この言葉を言えなかったがために後悔した人を私は見てきました。悔いのない最期のために「ありがとう」を伝えることは忘れないでいたいものです。

緩和ケア医から幸せに死ぬためのアドバイス

私は「緩和ケア医」であると冒頭でお伝えしました。緩和ケアと聞くと、余命わずかな末期がんの患者さんを対象に体の苦痛を薬で和らげるのが仕事だというイメージをお持ちの方は多いでしょう。治る見込みのない病気の患者さんを診ることも多いため、「医者なら治す医療に興味を持つのが普通では？」と言われたこともあります。

私が緩和ケア医になったのは、最後まで生きる人に興味があるから。大切な時間を生きる人を支えたいと思ったから、です。

緩和ケア医が対象とするのは末期のがん患者さんだけではありません。不安やストレスを抱える方に対して、生活の質を上げるアプローチを使って安心を提供したり、前向きな心を支えたりするのが仕事です。

治せる病気も増えてきていますが、高齢社会の帰結として現代の医療は、完治しない病気や不可逆の老いと向き合うことが増えています。その中でさらに大切さを増しているのが緩和ケアという医療です。緩和ケアは、病気をなくすために闘い続けるためのものではなく、病気を受け止めて、時にうまく付き合い、与えられた大切な時間を後悔なく生きるためのものなのです。

ここで求められるのが「早期緩和ケア」です。

痛みや苦しみや不安が限界に達するまで我慢してから緩和ケアにかかるのでは遅い、と私は考えています。残された貴重な時間や生命力が痛みなどとの闘いに費やされてしまい、望みをかなえて後悔のないように生きることに使えなくなってしまうからです。

あなたがもし、治る見込みの少ない病気になったら。

どうか、与えられた時間を有意義に使うための人生のアドバイザーとして緩和ケア医を活用してください。

人生100年時代と言われるようになりました。長い人生を前向きな気持ちで生活するために、普段から健康・医療の頼れるアドバイザーを見つけておきましょう。何でも相談できる環境をつくっておくことは、元気で長生きするためには欠かせません。

あなたはどのように生きて、どのように死ぬのが幸せだと思いますか？

この本を手に取ったのです。一度でいいから考えてみてほしいと思います。

それが、死ぬときの後悔を少なくすることにつながるはずです。

著者エージェント……アップルシード・エージェンシー
執筆・編集協力……横山瑠美
カバーデザイン……bookwall
本文図版デザイン……本橋雅文(orangebird)
本文イラスト……shinju、小泉昭子

ポプラ新書
255
死に方のダンドリ
将来、すんなり逝くための8つの準備

2024年3月4日 第1刷発行

著者
冨島佑允、奥 真也、坂本綾子、岡 信太郎、
太田垣章子、霜田里絵、中村明澄、大津秀一
発行者
加藤裕樹
編集
碇 耕一
発行所
株式会社 ポプラ社
〒141-8210 東京都品川区西五反田 3-5-8 JR目黒MARCビル12階
一般書ホームページ www.webasta.jp
ブックデザイン
鈴木成一デザイン室
印刷・製本
図書印刷株式会社

Printed in Japan
N.D.C.490/303P/18cm ISBN978-4-591-18138-6

P8201255